ARITHMÉTIQUE

Par COLLIN

ANCIEN INSTITUTEUR

PARIS

AUX BUREAUX DE LA PUBLICATION

5, RUE COQ-HÉRON, 5.

ARITHMÉTIQUE

CHAPITRE PREMIER

DE L'ARITHMÉTIQUE EN GÉNÉRAL

Définition de l'Arithmétique.

L'arithmétique est la science des nombres.

Un nombre exprime de combien d'unités une quantité est composée.

On appelle en général quantité tout ce qui est susceptible d'être augmenté ou diminué; tels sont les poids, le temps, les forces, etc.

L'unité est une quantité d'une grandeur arbitraire, que l'on prend pour servir de terme de comparaison à toutes celles qui sont de même espèce.

Ainsi, si l'on dit vingt-six mètres, le mètre est ici l'unité ; vingt-six est le nombre qui exprime de combien d'unités la quantité vingt-six mètres est composée.

On distingue en général deux espèces de nombres, les nombres abstraits et les nombres concrets.

On appelle nombre abstrait celui qui n'indique pas l'espèce d'unités dont la quantité est composée : quarante-trois, quatre-vingt-sept, etc., sont des nombres abstraits.

Le nombre concret est celui qui exprime la nature des unités dont on veut parler : vingt-trois mètres, quarante-six hommes, etc., sont des nombres concrets.

On distingue encore les nombres en nombres entiers et en nombres fractionnaires, selon que la quantité dont ils expriment la grandeur est composée d'unités entières ou d'unités entières et de parties d'unités, ou seulement de parties d'unités : vingt-trois, quarante-sept, sont des nombres entiers; un cinquième, un dixième, sont des nombres fractionnaires.

De la Numération.

Tous les hommes ont une idée distincte de l'unité ; la vue d'un objet quelconque suffit pour faire naître cette idée.

Celle de la pluralité n'est pas moins facile

à acquérir; il suffit de voir deux ou plusieurs objets qui se ressemblent.

Mais toute pluralité étant le résultat des unités particulières qui concourent à la former, on dut bientôt sentir la nécessité d'imaginer un moyen sûr de distinguer telle ou telle pluralité d'une autre.

Trois hommes, quatre hommes par exemple, ne pouvaient pas être désignés de la même manière; il paraissait donc indispensable d'avoir recours à autant de signes différents qu'il pouvait y avoir de nombres.

Cependant la moindre réflexion dut faire prévoir l'inconvénient qu'aurait entraîné cette multitude innombrable de signes; on renonça donc à ce moyen, et, par un procédé aussi simple qu'ingénieux, on vint à bout d'exprimer toute espèce de nombre par la simple combinaison de ces dix caractères que l'on appelle chiffres, et qui s'expriment par :

$$0 \quad 1 \quad 2 \quad 3 \quad 4 \quad 5$$
zéro, un, deux, trois, quatre, cinq,
$$6 \quad 7 \quad 8 \quad 9$$
six, sept, huit, neuf.

Pour écrire tous les nombres depuis un jusqu'à neuf, il suffit d'écrire les caractères qui les représentent; mais si l'on voulait écrire douze, quinze, cent, mille, etc., il faudrait multiplier les caractères à l'infini; ce

qui serait impraticable. Pour obvier à cet inconvénient, on est convenu que tout chiffre
placé à la droite d'un autre rendrait celui-ci
dix fois plus fort ; que deux chiffres placés à
la droite le rendraient cent fois plus fort ;
trois, mille fois, etc. Telle est la base du
système de numération, au moyen de laquelle on peut écrire et exprimer tous les
nombres. Ainsi, pour écrire dix ou une
unité de dizaine, on écrira le chiffre 1, à la
droite duquel on mettra un 0 (10), qui, n'ayant
point de valeur par lui-même, ne sert qu'à
exprimer que c'est une unité de dizaines
que le chiffre 1 représente. Pour écrire
vingt, trente, quarante, soixante, qui sont
la même chose que deux dizaines, trois
dizaines, quatre dizaines, six dizaines, on
écrira les chiffres 2, 3, 4, 6, etc., à la droite
desquels on mettra un zéro, comme on le
voit ici, 20, 30, 40, 60, etc., pour exprimer que
ce sont des dizaines qu'ils représentent. La
même chose aura lieu jusqu'à 90 ; mais si l'on
veut écrire cent, qui est la même chose que
dix dizaines, on écrira d'abord 10, comme
nous venons de le faire ; et, pour exprimer
que ce sont des dizaines, on mettra un zéro
à sa droite, comme on le voit ici, 100 ; c'est
ce qu'on appelle une unité de centaines. Deux
cents, trois cents, mille, six mille, s'écrivent
ainsi : 200, 300, 1,000, 6,000 etc. Telle est la
manière dont on représente tous les nombres

qui contiennent un nombre exact de dizaines, de centaines ou de mille ; mais si l'on voulait écrire un nombre qui renfermât en outre des unités simples, telles que vingt-trois, par exemple, ce qui est la même chose que deux dizaines plus trois, il faudrait remplacer le zéro que nous avons mis ci-dessus à la droite du 2, lorsque nous avons écrit deux dizaines, par le chiffre 3, qui, en rendant par sa position 2 dix fois plus fort, compterait en outre pour sa valeur propre. Ainsi, vingt-trois, trente-sept, quarante-deux, s'écriront par : 23, 37, 42. Si l'on avait à écrire quatre cent vingt-sept, qui contient des centaines, des dizaines et des unités, je dirais : quatre cent vingt-sept est la même chose que quatre centaines, plus deux dizaines, plus sept unités, ou ce qui est la même chose, quarante-deux dizaines, plus sept unités ; j'écris donc 42, comme nous l'avons dit ci-dessus, à la droite duquel je place le chiffre 7, qui, en exprimant que ce sont quarante-deux dizaines, compte encore pour sa valeur. Ce que nous venons de dire suffit pour faire voir avec quelle facilité on peut écrire tous les nombres, par la simple combinaison des dix caractères dont nous avons parlé.

On représente comme il suit les plus grands ainsi que les plus petits nombres avec ces dix figures que l'on appelle chiffres.

Exemple.

Le nombre dix se représente par...... 10
Le nombre onze, par.................. 11
Le nombre douze, par................. 12
Le nombre treize, par................ 13
Le nombre quatorze, par............. 14
Ainsi de suite jusqu'à............... 19
Le nombre vingt, par................ 20
Le nombre vingt et un, par.......... 21
Le nombre vingt-deux, par.......... 22
Le nombre vingt-trois, par......... 23
Ainsi de suite jusqu'à.............. 29
Le nombre trente, par 30
Le nombre trente et un, par......... 31
Ainsi de suite jusqu'à 40
Le nombre quarante et un, par....... 41
Le nombre quarante-deux, par........ 42
Ainsi de suite jusqu'à 50
A chaque dizaine, le premier chiffre
de gauche augmente d'une unité jusqu'à 99
Le nombre cent, par................. 100
Le nombre cent un, par.............. 101
Ainsi de suite jusqu'à.............. 109
Le nombre cent dix, par............. 110
Ainsi de suite jusqu'à.............. 119
Le nombre cent vingt, par........... 120
Et ainsi de suite des autres.

On peut apercevoir la combinaison des chiffres dans le tableau suivant.

Exemple :

Unité..........................	1	
Dix...........................	10	
Cent..........................	100	
Mille.........................	1000	
Dix mille.....................	10000	
Cent mille....................	100000	
Million.......................	1000000	
Dix millions..................	10000000	

Progression décuple croissante.

Cela est fondé sur un principe de convention entre les calculateurs; et voici le développement de ce principe.

Un chiffre quelconque, allant de droite à gauche, acquiert une valeur décuple, ou dix fois plus grande, de place en place.

Ainsi un chiffre allant de gauche à droite, devient de place en place dix fois plus petit, partant de la colonne des unités désignée par les zéros écrits les uns sous les autres et séparés par des virgules; d'après ce raisonnement, il est clair que 0,1 est un dixième, ainsi de suite.

Exemple :

Progression décuple décroissante.

1	Unité.
0,1	Dixième.
0,01	Centième.
0,001	Millième.
0,0001	Dix millième.
0,00001	Cent millième.
0,000001	Millionième.
0,0000001	Dix millionième.
0,00000001	Cent millionième.

Ce tableau peut être regardé comme le complément du premier et placé à côté, afin d'en faire connaître la différence, comme on va le voir.

Rapport des deux progressions.

Unité............ 1 .... Unité.
Dix.......... 10,01 ...... Dixième.
Cent........ 100,001 ..... Centième.
Mille....... 1000,0001 .... Millième.
Dix mille.. 10000,00001 ... Dix millième.
Cent mille 100000,000001 .. Cent millième.
Million.. 1000000,0000001 . Millionième.
Dix mill. 10000000,00000001 Dix millionième

Croissante. | Décroissante.

Des différentes espèces de chiffres.

Il y a deux espèces de chiffres, savoir : les romains, les arabes ou financiers, comme on le verra dans les exemples suivants.

Exemple de chiffres romains.

I.   Un.
II.   Deux.
III.   Trois.
IV.   Quatre.
V.   Cinq.
VI.   Six.
VII.   Sept.

VIII.	Huit.
IX.	Neuf.
X.	Dix.
XI.	Onze.
XX.	Vingt.
XXX.	Trente.
XL.	Quarante.
L.	Cinquante.
LX.	Soixante.
LXX.	Soixante-dix.
LXXX.	Quatre-vingts.
XC.	Quatre-vingt-dix.
C.	Cent.
CC.	Deux cents.
CCC.	Trois cents.
CCCC.	Quatre cents.
D.	Cinq cents.
DC.	Six cents.
DCC.	Sept cents.
M.	Mille.
XM.	Dix mille.
XXM.	Vingt mille.
CM.	Cent mille.
DM.	Cinq cent mille.

Exemple de chiffres arabes ou financiers.

1.	Un.
2.	Deux.
3.	Trois.
4.	Quatre.

5.	Cinq.
6.	Six.
7.	Sept.
8.	Huit.
9.	Neuf.
10.	Dix.
20.	Vingt.
30.	Trente.
40.	Quarante.
50.	Cinquante.
60.	Soixante.
70.	Soixante-dix.
80.	Quatre-vingts.
90.	Quatre-vingt-dix.
100.	Cent.

Manière de nombrer les chiffres.

Unité	1
Dizaine........................	10
Centaine........................	100
Mille........................	1,000
Dizaine de mille...............	10,000
Centaine de mille.............	100,000
Million........................	1,000,000
Dizaine de million,...........	10,000,000
Centaine de million...........	100,000,000

Remarque. Il faut, pour lire un nombre avec facilité, le séparer par une virgule en tranches de trois chiffres, en allant de droite à gauche ; la première contiendra les unités, la seconde les mille, la troisième les millions, la quatrième les billions, la cinquième les trillions, etc. Ainsi l'on dira dans l'exemple suivant ;

Trillions, billions, millions, mille, unités.

2,   343,   427,   346, 954.

Deux trillions, trois cent quarante-trois billions, quatre cent vingt-sept millions, trois cent quarante-six mille, neuf cent cinquante-quatre unités.

Cette méthode facilite beaucoup les calculateurs dans les grandes opérations ; elle est en usage dans toutes nos arithmétiques.

CHAPITRE II

DES RÈGLES DE L'ARITHMÉTIQUE

Les règles de l'arithmétique sont des opérations, au moyen desquelles on compose et on décompose les nombres, ce qu'on appelle calculer. Les nombres étant susceptibles d'augmentation et de diminution, il est constant qu'on peut les assujettir à deux sortes d'opérations, l'une par laquelle on les augmente, ce qui s'appelle faire une addition ; l'autre par laquelle on les diminue, ce qu'on appelle une soustraction : toutes les autres opérations de l'arithmétique dépendent plus ou moins de ces deux opérations fondamentales, comme on le verra dans la suite.

L'arithmétique contient quatre règles : l'addition, la soustraction, la multiplication et la division.

§ 1er

PREMIÈRE RÈGLE

DE L'ADDITION

L'addition est une opération qui a pour but de faire connaître la somme totale de plusieurs sommes partielles de même nature que l'on veut réunir.

Exemple :

Un marchand a trois billets, et tous trois de différentes sommes; il veut connaître la totalité de ces trois sommes; pour y parvenir, il opère ainsi qu'il suit.

Première opération, composée de francs seulement.

Premier billet montant à...... 175 fr.
Deuxième à.................. 354
Troisième à................. 649
                            ———
                          1,178 fr.

Les sommes partielles ainsi posées, je commence par la première colonne à droite, où il y a un 5, et je dis : 5 et 4 font 9, et 9 font

18, j'écris 8 au-dessous de la barre, et retiens une dizaine ; ensuite, passant à la deuxième colonne, je dis : une dizaine de retenue et 7 font 8, et 5 font 13, et 4 font 17, j'écris 7 à la seconde colonne à gauche, et retiens une dizaine ; puis, passant à la troisième colonne, je dis : une dizaine de retenue et 1 font 2, et 3 font 5, et 6 font 11, j'écris 1, et avance la dizaine.

Les trois sommes réunies font en totalité 1,178 francs, mille cent soixante-dix-huit francs.

La preuve se fait de deux manières différentes, soit par une addition inverse, soit par une soustraction.

Preuve par l'addition.

La preuve de cette opération se vérifie par l'addition, en retranchant successivement les sommes partielles de la somme totale ; à la fin il ne doit rien rester.

Exemple :

$$
\begin{array}{r}
175 \text{ fr.} \\
354 \\
649 \\
\hline
1,178 \text{ fr.} \\
\hline
110 \\
\hline
\end{array}
$$

Je commence par la première colonne à gauche en disant : 4 et 3 font 4, et 6 font 40, de 44 reste 4, que je pose sous le deuxième 4 ; ensuite, passant à la deuxième colonne, je dis : 7 et 5 font 42, et 4 font 46, de 47 reste 4 ; puis, passant à la troisième, je dis : 5 et 4 font 9, et 9 font 48, de 48 reste 0. Il ne reste rien, donc l'opération est exacte.

Principe de cette preuve.

Si d'un tout vous retranchez successivement toutes les parties qui le composent, à la fin il ne doit rien rester.

Preuve par la soustraction.

$$175 \text{ fr.}$$

$$\begin{array}{r} 354 \\ 649 \end{array}$$

$$1,178 \text{ fr.}$$

$$1,003$$

$$175$$

Je fais d'abord un trait sous la première somme de mon opération 175, puis, additionnant les deux autres, je dis : 4 et 9 font 43, je pose 3 sous le 8 de la première colonne à droite et retiens une dizaine; ensuite, passant à la deuxième, je dis : 1 de retenu et 5 font 6, et 4 font 10, je pose 0 sous la deuxième colonne et retiens une dizaine; puis, passant à la troisième colonne, je dis : 1 de retenu et 3 font 4, et 6 font 10, je pose 0 et avance ma dizaine. Mon addition ainsi faite, je trouve une somme de 1,003 fr.

Ensuite je soustrais ou ôte de la somme de 1,178 fr. celle de 1,003 fr., en disant : qui de 8 ôte 3 reste 5, ensuite, qui de 7 ôte 0 reste 7, ensuite qui de 1 ôte 0 reste 1, et enfin qui de 1 ôte 1 reste 0, ce qui me donne la somme de 175 fr., qui est celle que je cherchais.

Principe de cette preuve.

Si vous retranchez d'un nombre la somme de toutes les parties qui le composent moins une, vous devez retrouver celle-ci.

DE L'ADDITION DES QUANTITÉS DÉCIMALES.

Comme les fractions décimales augmentent de dix en dix, à mesure qu'on va de droite à gauche, la règle pour les ajouter est absolu-

ment la même que pour les nombres entiers ;
il faut, comme pour les nombres entiers,
placer attentivement les unités de même
grandeur les unes sous les autres, et avoir
soin, après l'opération, de séparer par la virgule les unités entières des parties décimales.

Exemple.

J'ai vendu de la marchandise à un marchand, à trois époques différentes ; la première facture monte à la somme de 747 fr. 79 c.;
la seconde à 236 fr. 95 c.; et enfin la troisième à 848 fr. 25 c.; pour trouver la somme
totale de ces trois factures, je les écris les
unes sous les autres, et de manière que les
virgules soient toujours sur une même colonne.

*Deuxième opération, composée de francs,
décimes et centimes.*

$$
\begin{array}{r}
747 \text{ fr. } 79 \text{ c.} \\
236 \quad\;\; 95 \\
848 \quad\;\; 25 \\
\hline
1,832 \text{ fr. } 99 \text{ c.}
\end{array}
$$

Cette opération étant composée d'unités
entières et d'unités décimales, je la commence par la droite et je dis: 5 et 5 font 10
et 9 font 19, je pose 9 sous la colonne des

unités décimales et retiens une dizaine ; ensuite, passant à la deuxième colonne, je dis :
1 de retenu et 7 font 8 et 9 font 17 et 2 font
19 ; en 19 je pose 9 et retiens une dizaine ;
puis, passant à la colonne des unités entières,
je dis : 1 de retenu et 7 font 8 et 6 font 14 et
8 font 22 ; en 22 je pose 2 et retiens 2, que je
porte à la colonne suivante, et je dis : 2 de
retenus et 4 font 6 et 3 font 9 et 4 font 13 ; en
13 je pose 3 et retiens 1 ; puis, passant à la
colonne suivante, je dis : 1 de retenu et 7
font 8 et 2 font 10 et 8 font 18 ; comme il ne
reste plus de chiffres à additionner je pose 8
et j'avance ma dizaine.

Mon opération ainsi faite, je trouve pour
somme totale 1,832 fr. 99 c., parce qu'il faut
placer la virgule sous les autres virgules des
nombres à additionner, ce qui détermine la
quantité de décimales que je dois avoir au
résultat de l'addition.

Autre opération.

```
    fr.  c.
  326,68
  245,80
  264,50
  ______
  836,98
```

Cette opération se fait de la même manière
que la précédente.

Sa preuve.

La preuve de cette opération se fait de deux manières différentes, soit par une addition contraire, soit par une soustraction, au choix des calculateurs ; je vais mettre les deux opérations en évidence par des exemples.

Preuve par l'addition.

```
      fr.  c.
    747,79
    236,95
    848,25
  ─────────
  1,832,99
  ─────────
    121,10
```

Je commence par la gauche de mon addition, et je dis : 7 et 2 font 9 et 8 font 17; de 18 reste 1; je pose 1 sous le 8; ensuite, passant à la deuxième colonne, je dis : 4 et 3 font 7 et 4 font 11 ; de 13 reste 2 ; ensuite, passant à la troisième, je dis : 7 et 6 font 13 et 8 font 21 ; de 22 reste 1 ; ensuite à la quatrième, 7 et 9 font 16 et 2 font 18, de 19 reste 1 ; ensuite à la cinquième, 9 et 5 font 14 et 5 font 19 ; de 19 reste 0 ou zéro ; il ne reste rien ; donc la règle est parfaite.

Preuve par une soustraction.

fr.   c.
747,79

236,95
848,25

1,832,99

1,085,20

747,79

Je commence cette opération en tirant un trait sous le premier nombre ; ensuite je fais une addition des deux autres qui me restent, ce qui me donne un total de 1,085 fr. 20 c. ; ensuite je soustrais ou ôte de la première qui est 1,832 fr. 99 c. celle de 1,085 fr. 20 c.; il me reste 747 f. 79 c., ce qui prouve que ma règle est bonne.

Troisième opération, composée du mètre et de ses divisions.

Le mètre se divise en décimètres, centimètres, millimètres, dix-millimètres, etc.

J'ai à additionner

79 mètr. 84 c. 27 dix-mill.
23   35   43
46   72   56

149 mètr. 92 c. 26 dix-mill.

Je commence mon opération par la colonne des dix-millimètres, et je dis : 7 et 3 font 10 et 6 font 16, je pose 6 et retiens une dizaine, que je porte à l'autre colonne de gauche, et je dis : une dizaine de retenue et 2 font 3 et 4 font 7 et 5 font 12; je pose 2 et retiens une dizaine, que je porte à la colonne des centimètres, et je dis : une dizaine de retenue et 4 font 5 et 5 font 10 et 2 font 12; je pose 2 et retiens une dizaine, que je porte à l'autre colonne de gauche, et je dis : une dizaine de retenue et 8 font 9 et 3 font 12 et 7 font 19; je pose 9 et retiens une dizaine, que je porte à la colonne des mètres, et je dis : une dizaine de retenue et 9 font 10 et 3 font 13 et 6 font 19 ; je pose 9 et retiens une dizaine, que je porte à la colonne de gauche, et je dis : une dizaine de retenue et 7 font 8 et 2 font 10 et 4 font 14 ; je pose 4 et j'avance 1.

Mon opération ainsi faite, je trouve

149 mètres 92 cent. 26 dix-millim.

Quatrième opération, composée du kilogramme et de ses divisions.

Le kilogramme se divise en hectogrammes, décagrammes et grammes.

J'ai à additionner

27 kil.	5 hect.	8 déc.	5 gr.
32	6	9	7
46	9	7	6

107 kil. 2 hect. 5 déc. 8 gr.

Je commence mon opération par la colonne des grammes, que j'additionne ensemble, et je dis : 5 et 7 font 12 et 6 font 18 ; je pose 8 et retiens une dizaine, que je porte à la colonne des décagrammes, et je dis : une dizaine de retenue et 8 font 9 et 9 font 18 et 7 font 25 ; je pose 5 et retiens 2 dizaines, que je porte à la colonne des hectogrammes. et je dis : 2 dizaines de retenues et 5 font 7 et 6 font 13 et 9 font 22 ; je pose 2 et retiens 2 dizaines, que je porte à la première colonne des kilogrammes, et je dis : 2 dizaines de retenues et 7 font 9 et 2 font 11 et 6 font 17 ; je pose 7 et retiens une dizaine, que je porte à la dernière colonne, et je dis : une dizaine de retenue et 2 font 3 et 3 font 6 et 4 font 10 ; je pose 0 et j'avance 1.

Mon opération ainsi faite, je trouve 107 kil. 2 hect. 5 déc. 8 gr.

§ II

DEUXIÈME RÈGLE

DE LA SOUSTRACTION

La soustraction est une opération qui sert à trouver la différence de deux quantités données: or, cette différence est toujours égale à ce qui reste de l'une de ces quantités, quand on en a retranché l'autre.

Exemple :

Un particulier a emprunté 79,438 fr.; il a remis 54,932 fr.; il veut savoir ce qu'il doit encore. J'écris le nombre 79,438 fr. et celui 54,932 fr. dessous ainsi qu'il suit.

Première opération, composée de francs seulement.

Somme empruntée............	79,438 fr.
Somme rendue................	54,932
Somme redue.................	24,506 fr.
Preuve......................	79,438 fr.

Je commence mon opération par la droite et je dis : qui de 8 ôte 2 reste 6; ensuite qui de 3 ôte 3 reste 0 ; ensuite qui de 4 ôte 9 ne peut ; j'emprunte sur la colonne suivante une dizaine, marquant d'un point ce chiffre, afin de faire connaître qu'il ne vaut plus que 8 ; ensuite je dis : une dizaine d'empruntée et 4 font 14, qui de 14 ôte 9 reste 5, que j'écris sous la colonne ; puis, remarquant le point indiquant l'emprunt que j'ai fait, je dis : qui de 8 ôte 4 reste 4 ; j'écris 4 sous la colonne ; enfin qui de 7 ôte 5 reste 2. L'opération ainsi faite, je vois qu'il est redevable de la somme de 24,506 fr. ou vingt-quatre mille cinq cent six francs.

Sa preuve.

La preuve se fait en ajoutant le reste au plus petit nombre, ce qui doit reproduire le plus grand.

Pour établir cette preuve, j'additionne ensemble les sommes rendues et redues, ce qui doit rétablir la somme première.

Opération.

Somme empruntée............	79,438 fr.
Somme rendue................	54,932
Somme redue.................	24,506
Preuve......................	79,438

En disant par la droite 2 et 6 font 8 ; je

pose 8 ; ensuite 3 est 3, puis 9 et 5 font 14 ; j'écris 4 et retiens une dizaine, ensuite je dis : 1 de retenu et 4 font 5 et 4 font 9 ; j'écris 9 ; enfin je dis : 5 et 2 font 7 ; je pose 7. Alors, retrouvant la somme première, je vois l'exactitude de mon opération.

DE LA SOUSTRACTION DES PARTIES DÉCIMALES.

La soustraction des parties décimales se fait comme celle des nombres entiers, ayant soin seulement de séparer les décimales par une virgule dans le résultat.

Exemple.

J'ai emprunté 94,376 fr. 55 c., je n'ai pu rendre que 59,843 fr. 70 c.; combien dois-je encore ?

Deuxième opération, composée de francs, décimes et centimes.

```
        fr.  c.
94,376,55 somme empruntée.
59,843,70 somme rendue.
—————————
34,532,85 somme redue.
—————————
94,376,55 preuve.
```

J'opère de même que pour la soustraction simple, en commmençant par la droite, et je dis : qui de 5 ôte 0 resté 5 ; ensuite qui de 5 ôte 7 ne peut ; j'emprunte sur le 6 suivant (que je marque d'un point, afin de faire connaître qu'il ne vaut plus que 5) une dizaine, que je joins au 5, ce qui fait 15 puis je dis : qui de 15 ôte 7 reste 8 ; ensuite qui de 5 ôte 3 reste 2 ; ensuite qui de 7 ôte 4 reste 3 ; ensuite qui de 3 ôte 8 ne peut ; j'emprunte sur le 4 suivant une dizaine, que je joins au 3, ce qui fait 13, et je dis : qui de 13 ôte 8 reste 5 ; ensuite qui de 3 ôte 9 ne peut ; j'emprunte sur le 9 suivant une dizaine, que je joins au 3, ce qui fait 13, et je dis : qui de 13 ôte 9 reste 4, et enfin qui de 8 ôte 5 reste 3.

Mon opération faite, je vois que je suis redevable de 34,532 fr. 85 c., qui est la différence cherchée.

Sa preuve.

a preuve se fait toujours en ajoutant le reste à la somme que l'on a retranchée ; on doit retrouver celle dont on l'a retranchée.

Troisième opération.

<pre>
        fr. c.
    75,483,66
    59,856,78
    ____
    15,626,88
    ____
    75,483,66
</pre>

Quatrième opération, composée de zéros.

Somme empruntée.	9,000,000 fr.	00 c.
Somme rendue....	6,409,814	60
Somme redue.....	2,590,185 fr.	40 c.
Preuve.....	9,000,000 fr.	00 c.

Je commence mon opération par la colonne des centimes, et je dis : qui de zéro ôte zéro reste zéro ; ensuite, passant à la colonne des décimes, je dis : qui de zéro ôte 6 ne peut ; j'emprunte sur le 9 de la colonne des francs 1 fr. qui vaut 10 décimes, et je dis : qui de 10 ôte 6, reste 4, que je pose sous ladite colonne. Les zéros à droite, d'après l'emprunt que j'ai fait, valent 9 chacun, alors je continue mon opération en disant : qui de 9 ôte 4 reste 5 ; ensuite qui de 9 ôte 1 reste 8 ; ensuite qui de 9 ôte 8 reste 1 ; ensuite qui de 9 ôte 9 reste 0 ; ensuite qui de 9 ôte 0 reste 9 ; ensuite qui de 9 ôte 4 reste 5, et enfin arrivant à la dernière colonne, le 9, par l'emprunt qui a été fait, ne vaut plus que 8, je dis : qui de 8 ôte 6 reste 2. La preuve se fait comme il est indiqué aux opérations ci-dessus.

Cinquième opération.

Un maçon a 1,545 mètres 30 centimètres

60 dix-millimètres d'ouvrage à faire, sur quoi il en a fait 260 mètres 25 centimètres 42 dix-millimètres. Combien lui en reste-t-il à faire ?

```
A faire.....    1,545 m. 30 c. 60 dix-millim.
Fait........     260     25     42
            _______________________________
Reste à faire  1,285     05     18
            _______________________________
Preuve.....    1,545 m. 30 c. 60 dix-millim.
```

Je commence mon opération par la première colonne des dix-millimètres, et je dis : qui de 0 ôte 2 ne peut; j'emprunte sur le 6 de la seconde colonne une dizaine, et je dis : qui de 10 ôte 2 reste 8 ; je pose 8 sous ladite colonne. Je passe ensuite à la seconde colonne, et le 6 ne valant plus que 5 par l'emprunt qui lui a été fait, je dis : qui de 5 ôte 4 reste 1 ; ensuite je passe à la colonne des centimètres, et je dis: qui de 0 ôte 5 ne peut; j'emprunte une dizaine sur le 3 de la seconde colonne et je dis: qui de 10 ôte 5 reste 5. Ensuite, le 3 de la seconde colonne ne valant plus que 2, je dis: qui de 2 ôte 2 reste 0. Je passe ensuite à la première colonne des mètres, et je dis: qui de 5 ôte 0 reste 5; ensuite à la seconde colonne, et je dis : qui de 4 ôte 6 ne peut; j'emprunte une dizaine sur le 5 de la troisième colonne, et je dis: 10 et 4 font 14; qui de 14 ôte 6 reste 8 ; je passe à l'autre colonne, le 5 ne valant plus que 4, je dis:

qui de 4 ôte 2 reste 2 ; passant enfin à la dernière colonne, je dis: qui de 1 ôte 0 reste 1. Mon opération ainsi faite, je vois qu'il reste à faire.

1,285 m. 05 c. 18 dix-millim.

La preuve comme ci-dessus.

Sixième opération.

Un épicier doit fournir 12 kilogrammes 2 hectogrammes 5 décagrammes 2 grammes de sucre, il n'en a fourni que 7 kilogrammes 3 hectogrammes 2 décagrammes 1 gramme. Combien doit-il en fournir pour compléter la demande ?

A fournir....	12 kil.	2 hect.	5 déc.	2 gr.
Fourni......	7	3	2	1
Reste à fourn.	4	9	3	1
Preuve......	12 kil.	2 hect.	5 déc.	2 gr.

Pour faire cette opération, je dis, en commençant par la colonne des grammes : qui de 2 ôte 1 reste 1 ; ensuite qui de 5 ôte 2 reste 3 ; ensuite qui de 2 ôte 3 ne peut ; j'emprunte une dizaine sur la colonne des kilogrammes, et je dis : 10 et 2 font 12 ; qui de 12 ôte 3 reste 9. Passant à la colonne des kilogrammes, le 2 ne valant plus que 1, j'emprunte la dernière dizaine, et je dis : 10 et 1 font 11 ; qui de 11 ôte 7 reste 4.

Mon opération faite, je trouve qu'il lui reste à fournir

4 kil. 9 hect. 3 déc. 1 gr.

La preuve comme aux opérations précédentes.

§ III

TROISIÈME RÈGLE

DE LA MULTIPLICATION

Multiplier est prendre un nombre, que l'on appelle multiplicande, autant de fois qu'il est marqué par un autre nombre que l'on appelle multiplicateur; le résultat de cette opération se nomme produit. Par conséquent, le produit est au multiplicande, comme le multiplicateur est à l'unité.

TABLE DE MULTIPLICATION.

2 fois	2 font	4		5 fois	5 font	25
2	3	6		5	6	30
2	4	8		5	7	35
2	5	10		5	8	40
2	6	12		5	9	45
2	7	14		5	10	50
2	8	16		5	11	55
2	9	18		5	12	60
2	10	20				
2	11	22		6 fois	6 font	36
2	12	24		6	7	42
				6	8	48
3 fois	3 font	9		6	9	54
3	4	12		6	10	60
3	5	15		6	11	66
3	6	18		6	12	72
3	7	21				
3	8	24		7 fois	7 font	49
3	9	27		7	8	56
3	10	30		7	9	63
3	11	33		7	10	70
3	12	36		7	11	77
				7	12	84
4 fois	4 font	16				
4	5	20		8 fois	8 font	64
4	6	24		8	9	72
4	7	28		8	10	80
4	8	32		8	11	88
4	9	36		8	12	96
4	10	40				
4	11	44		9 fois	9 font	81
4	12	48		9	10	90

9	11	99	10 fois 16 font 160
9	12	108	10 17 170
			10 18 180
10 fois 10 font 100			
10 11 110			11 fois 11 font 121
10 12 120			11 12 132
10 13 130			
10 14 140			
10 15 150			12 fois 12 font 144

Il est très essentiel de bien savoir cette table par cœur, afin d'épargner un temps précieux et de ne se trouver nullement embarrassé dans toutes les opérations qui ont rapport à la multiplication.

AUTRE TABLE

APPELÉE DE PYTHAGORE

Servant à la multiplication de deux nombres l'un par l'autre.

1	2	3	4	5	6	7	8	9
2	4	6	8	10	12	14	16	18
3	6	9	12	15	18	21	24	27
4	8	12	16	20	24	28	32	36
5	10	15	20	25	30	35	40	45
6	12	18	24	30	36	42	48	54
7	14	21	28	35	42	49	56	63
8	16	24	32	40	48	56	64	72
9	18	27	36	45	54	63	72	81

Voici quel est l'usage de cette Table. Si vous voulez multiplier l'un par l'autre ces deux nombres: 4 et 7, c'est-à-dire savoir quel nombre sortira de 4 fois 7, prenez le chiffre 4 qui est au haut d'une des lignes perpendiculaires, prenez ensuite le chiffre 7, qui commencera l'une des lignes horizontales, et traversez cette ligne jusqu'au-dessous du 4, et vous trouverez qu'il en sortira le nombre 28.

Vous pourrez faire la même opération sur tous ses autres nombres.

Exemple :

Un marchand a acheté vingt-quatre mètres de toile à 12 francs, il veut savoir combien il doit payer pour ses vingt-quatre mètres.

Le multiplicateur est le prix du mètre, qui doit être répété autant de fois qu'il y a de mètres.

Le multiplicande est la quantité de la marchandise.

La valeur des chiffres d'un produit suit toujours celle du chiffre multiplicateur.

Le multiplicateur est un nombre abstrait, ou doit être regardé comme tel; il ne fait que marquer combien de fois ou parties de fois on doit prendre le multiplicande.

Première opération, composée de francs.

```
      24 mètres, multiplicande,
  à   12 francs, multiplicateur.
      ___________
      48
      24
      ___________
      288 francs produit ou prix de 24 mètres.
```

Je commence mon opération par la droite du multiplicateur, et je dis : 2 fois 4 font 8, je pose 8 sous le 2 du multiplicateur; ensuite 2 fois 2 font 4.

Puis, passant au deuxième chiffre du multiplicateur, et reculant d'un chiffre, je dis : 1 fois 4 est 4 et 1 fois 2 est 2.

Mon opération faite, je trouve que les 24 mètres coûteront 288 fr., ce que je cherchais.

DE LA MULTIPLICATION DES QUANTITÉS DÉCIMALES

La multiplication des parties décimales se fait comme celle des nombres entiers, et sans avoir égard à la virgule; seulement il faut séparer dans le résultat autant de décimales qu'il y en a dans le multiplicande et dans le multiplicateur.

Deuxième opération.

<pre>
Supposons qu'on ait   8,31
à multiplier par   2,4
                          ____
                             3 324
                            16 62
                          ____
                            19 944
</pre>

Et je dis : supposons que ce soit 831 que nous ayons à multiplier par 24, le produit sera 19944; mais ce n'est pas 831 que nous devons multiplier, c'est 8 entiers 31 centièmes ou 831 centièmes ; le produit 19944 est donc cent fois trop fort : or, on le rendra cent fois plus petit, en exprimant que ce sont des centièmes, c'est-à-dire en retranchant deux chiffres par une virgule ; on aura donc 199,44 pour produit de 8,31 par 24 ; mais j'observe encore que ce n'était point par 24 que je devais multiplier, mais par 2,4 qui est 10 fois plus petit ; le produit 199,44 est donc encore 10 fois trop grand ; donc il faut le rendre 10 fois plus petit en reculant la virgule vers la gauche, ce qui donne 19,944 pour produit de 8,31 par 2,4, ainsi que nous l'avons annoncé.

Il arrive souvent que le produit ne contient pas autant de chiffres qu'il y a de décimales tant dans le multiplicande que dans le multiplicateur : il semble alors qu'on ne peut pas appliquer la règle que nous venons de démontrer : c'est ce qui arriverait si l'on avait, par exemple,

$$0,11 \times 0,2 = 0,022$$

On multiplie 11 par 2, comme nous l'avons dit ; mais l'on ne peut retrancher trois décimales, puisqu'il n'y a que deux chiffres ; cependant si l'on reprend le raisonnement que nous venons de faire, on verra que le produit doit être des millièmes : or, on exprimera que ce sont des millièmes en plaçant un zéro entre 22 et la virgule. Il faudra donc, toutes les fois que le produit ne sera pas aussi grand que le nombre des décimales qu'on doit retrancher, y suppléer par un nombre suffisant de zéros ajoutés sur la gauche de ce produit.

3° *Opération, composée de francs, décimes et centimes.*

$$
\begin{array}{r}
26 \text{ mètres} \\
\text{fr. c.} \\
\text{à} \quad 16,65 \\
\hline
130 \\
156 \\
156 \\
26 \\
\hline
432,90 \\
\end{array}
$$

Lorsqu'il y a un nombre simple et un composé, tels que 26 et 16 fr. 65 c., à multiplier l'un par l'autre, il faut premièrement poser celui que l'on aura choisi pour multiplicateur (c'est ordinairement le plus petit) au-dessous du multiplicande.

Ensuite je commence par multiplier les unités décimales 65 par 26, et je dis : 5 fois 6 font 30 ; je pose 0 sous le 5 du multiplicateur et retiens trois dizaines ; ensuite 5 fois 2 font 10 et 3 de retenus font 13 ; je pose 3, et n'ayant plus de chiffres à multiplier, j'avance ma dizaine ; puis, reculant d'un chiffre, je dis : 6 fois 6 font 36 ; j'écris 6 et retiens 3 ; ensuite 6 fois 2 font 12 et 3 de retenus font 15 ; je pose 5 et avance ma dizaine.

Ensuite, passant aux unités entières, et reculant d'un chiffre, je dis : 6 fois 6 font 36 ; j'écris 6 et retiens 3 ; ensuite 6 fois 2 font 12 et 3 de retenus font 15 ; je pose 5 et avance une dizaine ; ensuite, reculant encore d'un chiffre, je dis : une fois 6 est 6 et une fois 2 est 2.

Mon opération ainsi faite, je trouve 432,90 ; mais comme il existe deux unités décimales au multiplicateur, je retranche également à mon produit, par une virgule, les deux premiers chiffres de droite, qui sont des unités décimales, et je trouve que mes 26 mètres, à raison de 16 fr. 65 c., coûteront 432 fr. 90 c.

Autre opération.

12 mètres

fr. c.

à   6,82
____

24
96
72
____

81,84

Preuve.

Elle se fait, soit par une division, soit par une multiplication, au choix des calculateurs.

Par une division, en prenant pour dividende le produit ou la somme totale de la multiplication, et pour diviseur la quantité de la marchandise ; le quotient doit égaler le prix de la marchandise ou le multiplicateur.

Par une multiplication, en prenant la moitié du multiplicande et doublant le multiplicateur, on doit trouver le même produit.

Première preuve par une division.

Dividende 432,90	26 diviseur.
172	fr. c.
169	16,65 ou quotient.
130	
000	

Pour faire cette opération, je prends au dividende autant de chiffres qu'il y en a au diviseur, et ensuite je cherche dans ce nombre combien de fois est contenu le diviseur; trouvant qu'il y est 1 fois, je pose 1 sous le 6 du diviseur, et je dis : 1 fois 6 est 6, de 13 reste 7, que je pose sous le 3 de mon dividende, et retiens une dizaine; ensuite 1 fois 2 est 2 et 1 de retenu font 3, de 4 reste 1. Il me reste 17 qui ne peuvent contenir 26, alors j'abaisse le 2, ce qui me donne 172 ; je cherche en 172 combien de fois 26, je trouve qu'il y est 6; je pose 6 à la colonne de mon quotient, et je dis : 6 fois 6 font 36, de 42 reste 6, et retiens 4 ; ensuite 6 fois 2 font 12 et 4 de retenus font 16, de 17 reste 1 ; observant que 16 ne peut contenir 26, j'abaisse le 9, ce qui fait alors 169 ; je cherche en 169 combien de fois 26, je trouve qu'il y est 6; j'écris 6 au quotient ; je sépare ce chiffre des deux premiers par une virgule, et je dis : 6 fois 6 font 36, de 39 reste 3; ensuite 6 fois 2 font 12 et 3 de retenus font 15, de 16 reste 1. Il reste 13 qui ne peuvent contenir 26 ; j'abaisse le 0, ce qui fait 130; alors je cherche dans 130 combien de fois est contenu 26, je trouve qu'il est 5 fois; j'écris 5 au quotient, et je dis : 5 fois 6 font 30, de 30 reste 0 et retiens 3; ensuite 5 fois 2 font 10 et 3 de retenus font 13, de 13 reste 0.

Donc l'opération est exacte, puisque le

diviseur égale le multiplicateur de la première opération.

DEUXIÈME PREUVE PAR UNE AUTRE MULTIPLICATION.

Opération.

$$
\begin{array}{r}
13 \\
33,30 \\
\hline
390 \\
33 \\
39 \\
\hline
432,90
\end{array}
$$

OPÉRATION COMPOSÉE DE MÈTRES, CENTIMÈTRES ET MILLIMÈTRES AU MULTIPLICANDE.

Opération.

$$
\begin{array}{r}
31 \text{ mèt. } 25 \text{ cent. } 5 \text{ millim.} \\
\text{à} \qquad 9 \text{ fr.} \\
\hline
281,29,5
\end{array}
$$

Il suffit de multiplier par les 9 fr. multiplicateur tout le multiplicande, en commençant par les décimales, en disant : 9 fois 5 font 45; je pose 5 et retiens 4; ensuite 9 fois 5 font

,45, et 4 de retenus font 49 ; je pose 9 et retiens 4 ; ensuite 9 fois 2 font 18 et 4 font 22 ;
je pose 2 et retiens 2 ; ensuite 9 fois 1 font 9
et 2 de retenus font 11 ; je pose 1 et retiens
1 ; ensuite 9 fois 3 font 27 et 1 de retenu 28 ;
je pose 8 et avance 2.

Mon opération ainsi faite, je trouve au produit 281,29,5, en observant de séparer par
des virgules autant de décimales qu'il y en a
dans le multiplicande : ce qui donne 281 fr.
29 cent. 5 mill. pour prix des 31 mèt. 25 cent.
5 mill. à raison de 9 fr. le mètre.

MULTIPLICATION COMPOSÉE DE DÉCIMALES AU MULTIPLICANDE ET AU MULTIPLICATEUR.

*Première opération composée de kilogrammes,
hectogrammes, décagrammes et grammes.*

<pre>
        13 kil. 4 hect. 5 déc. 5 gr.
à   9 fr. 50 c.
        ─────────────────
            672750
        121095
        ─────────────────
        127,82,250
</pre>

Je multiplie tout le multiplicande par le
multiplicateur 9 fr. 50 c. comme dans l'exem-

ple précédent, et je dis : 0 fois 5 donne 0, que je pose; ensuite, prenant le 5 du multiplicateur, je dis : 5 fois 5 font 25; je pose 5 à gauche du zéro et retiens 2; ensuite 5 fois 5 font 25 et 2 de retenus font 27; je pose 7 et retiens 2; ensuite 5 fois 4 font 20 et 2 de retenus font 22 ; je pose 2 et retiens 2; ensuite 5 fois 3 font 15 et 2 de retenus font 17 ; je pose 7 et retiens 1; ensuite 5 fois 1 font 5 et 1 font 6 ; je pose 6.

Je passe au 9 et je dis : 9 fois 5 font 45; je pose 5 sous le 7, à la troisième colonne, et retiens 4; ensuite 5 fois 9 font 45 et 4 de retenus font 49; je pose 9 et retiens 4 ; ensuite 9 fois 4 font 36 et 4 de retenus font 40; je pose 0 et retiens 4; ensuite 9 fois 3 font 27 et 4 de retenus font 31; je pose 1 et retiens 3; ensuite 9 fois 1 font 9 et 3 de retenus font 12; je pose 2 et avance 1.

Mon opération ainsi faite, je trouve au produit 127,82,250, et, séparant autant de décimales qu'il y en a, tant au multiplicande qu'au multiplicateur, je trouve que 13 kil. 4 hect. 5 déc. 5 gr. à 9 fr. 50 c. coûteront 127 fr. 82 cent. 250 cent-mill. ou 25 dix-mill.

Deuxième opération.

26 mètres 34 centimètres de drap à 55 fr. 75 c. le mètre.

— 46 —

$$
\begin{array}{r}
26,34 \\
55,75 \\
\hline
13170 \\
18438 \\
13170 \\
13170 \\
\hline
1468,4550
\end{array}
$$

Troisième.

$$
\begin{array}{r}
25,3 \\
16 \\
\hline
1518 \\
253 \\
\hline
404,8
\end{array}
$$

Quatrième.

$$
\begin{array}{r}
2,6 \\
5,1 \\
\hline
182 \\
26 \\
130 \\
\hline
13,442
\end{array}
$$

Cinquième.

$$
\begin{array}{r}
6,5423 \\
0,0045 \\
\hline
327115 \\
261692 \\
\hline
0,02944035
\end{array}
$$

Sixième.

$$
\begin{array}{r}
13,42 \\
0,2005 \\
\hline
6710 \\
2684 \\
\hline
2,690710
\end{array}
$$

Ces multiplications peuvent également se vérifier, soit par une autre multiplication, soit par une division.

Lorsque le multiplicande a des décimales, et que le multiplicateur est 10, 100 ou 1000, il suffit d'avancer la virgule vers la droite d'autant de rangs qu'il y a de zéros dans le multiplicateur. C'est une conséquence de ce que nous avons dit.

$$
\begin{array}{r}
\text{Ainsi} \ldots \ldots \ldots \quad 68,97436 \\
\text{Multiplié par} \ldots \quad 100 \\
\hline
6897,436
\end{array}
$$

i le multiplicande et le multiplicateur avaient un grand nombre de décimales, l'opération serait fort longue et donnerait un résultat plus exact qu'on n'en a besoin communément, alors on peut simplifier le calcul de cette manière :

1º Multipliez tous les chiffres du multiplicande par le premier à gauche du multiplicateur.

2º Multipliez-les ensuite par le second chiffre à gauche du multiplicateur; mais, en écrivant ce produit, ne tenez compte que dés dizaines que la multiplication du premier chiffre à droite du multiplicande pourra donner, ajoutez-les au produit du second chiffre, et conséquemment écrivez-en la somme sous le premier chiffre du produit déjà écrit.

3º Servez-vous du troisième chiffre du mul-

tiplicateur pour multiplier ceux du multiplicande, et à ne commencer qu'au second;
encore faudra-t-il ne retenir que les dizaines
de ce produit pour les ajouter aux unités du
suivant, vous en..écrirez la somme sous les
deux produits déjà écrits.

4° A mesure que vous avancerez vers la
droite du multiplicateur, vous commencerez
la multiplication par un chiffre plus avancé
vers la gauche du multiplicande, et retenant
les dizaines de ce premier produit, vous les
ajouterez aux unités du suivant, jusqu'à ce
que vous soyez parvenu au dernier chiffre du
multiplicateur.

5° Ajoutez tous les produits, et dans leur
somme séparez autant de décimales qu'il y
en avait dans le multiplicande lorsque vous
l'avez multiplié par les unités du multiplicateur, ou, ce qui est plus général, voyez quel
rang tiennent dans les deux racines la décimale par laquelle vous multipliez chaque fois,
et celle par laquelle commence alors la multiplication.

La somme de ces deux rangs indiquera
toujours le nombre de décimales que doit
avoir le produit général.

Exemples :

<table>
<tr><td>Premier.</td><td>Deuxième.</td></tr>
<tr><td>6,23591</td><td>3,52041</td></tr>
<tr><td>4,57284</td><td>0,42682</td></tr>
<tr><td>2494364</td><td>1408164</td></tr>
<tr><td>311796</td><td>70408</td></tr>
<tr><td>43651</td><td>21120</td></tr>
<tr><td>1247</td><td>2816</td></tr>
<tr><td>498</td><td>70</td></tr>
<tr><td>25</td><td>1,502578</td></tr>
<tr><td>28,51481</td><td></td></tr>
</table>

Troisième exemple :

$$0,582697$$
$$0,003253$$
$$1748091$$
$$116539$$
$$29334$$
$$1747$$
$$1895711$$

Dans le premier, je multiplie d'abord par 4 et j'écris le produit; ensuite par 5, en disant : 5 fois 1 font 5 ; je retiens 1 pour le produit suivant ; enfin, je dis : 5 fois 9 font 45 et 1 de retenu font 46 ; j'écris 6 sous le 4, et je continue à l'ordinaire.

Puis je multiplie 7, en commençant par le 9 du multiplicande : 7 fois 9 font 63 ; je retiens 6 dizaines, que j'ajoute au produit suivant, et je dis : 7 fois 5 font 35 et 6 de retenus font 41 ; j'écris 1 dans le premier au même rang que les premiers chiffres des autres produits.

Après avoir fait toutes ces multiplications, j'ajoute les produits, et je sépare cinq décimales, parce qu'il y en avait cinq au multiplicande, lorsque j'ai multiplié par les quatre unités du multiplicateur, ou parce qu'en multipliant par la première décimale du multiplicateur, j'ai commencé par la quatrième du multiplicande.

En faisant tout au long cette multiplication, on aurait trouvé 28,5148186844.

Afin de reconnaître à quelles décimales du multiplicande et du multiplicateur on en est chaque fois, il est à propos de les marquer d'un point à mesure qu'on s'en sert.

Comme il est aisé de se rendre raison des différentes parties de cette méthode, j'observe seulement que, dans le produit du quatrième exemple, il faut ajouter trois zéros, parce que 3 étant au troisième rang des décimales dans le multiplicateur, et 7 étant au sixième du multiplicande, le produit doit avoir 9 décimales.

§ IV

QUATRIÈME RÈGLE

DE LA DIVISION

Diviser un nombre par un autre, c'est chercher combien de fois le second, qui se nomme diviseur, est contenu dans le premier, qui se nomme dividende ; le résultat de cette opération se nomme quotient.

Exemple .

Une personne décédée laisse par son testament une somme de 342 francs à partager entre 24 indigents, et désire qu'ils aient chacun part égale ; c'est une division à faire pour résoudre la question.

Première opération avec francs seulement.

Divid. 342 ou somme à partager.

342	24 diviseur ou nombre des
	partageants.

102	14 fr. 25 c. quotient ou somme
6	qu'ils doivent avoir
600 c.	chacun.
120	
00	

Pour faire cette opération, j'examine d'abord qu'il y a trois chiffres au dividende, et deux au diviseur. Je prends à gauche les deux premiers du dividende, qui contiennent les deux du diviseur, et je dis : en 34 combien de fois 24? je trouve qu'il y est contenu une fois ; j'écris 1 sous le diviseur 24. Je multiplie ce quotient 1 trouvé par le diviseur 24, et je dis : une fois 24 est 24. Je soustrais ce produit des deux premiers chiffres du dividende 34, et il reste 10.

A côté du reste 10 je descends le chiffre 2, dont je ne me suis pas encore servi, ce qui donne 102. Je continue ma division en disant : en 102 combien de fois 24? je trouve qu'il y est contenu quatre fois. Je pose 4 au quotient, à droite du premier quotient 1, ce qui donne 14 ; ensuite je multiplie mon deuxième quotient 4 par le diviseur, ce qui produit 96 ; je soustrais ce produit du second dividende 102 ; il reste 6 francs qui ne peuvent être divisés en 24 parties.

Je réduis ce dernier reste 6 francs en centimes ; pour cela, je multiplie 6 par 100, ce qui se fait en ajoutant deux 00 au 6. Je continue ma division en disant : en 60 combien de fois 24? je trouve 2, que je place au quotient, à la colonne des décimes. Je multiplie encore mon quotient 2 par 24, ce qui donne 48, que je soustrais du dividende 60 ; il reste 12.

A côté de ce nouveau reste 12, je descends le 0 qui n'a pas été employé, ce qui donne 120. Je continue la division en disant : en 120 combien de fois 24? je trouve qu'il y est contenu 5 fois sans reste; car, en multipliant 5 quotient par 24 diviseur, il vient au produit 120, qui, soustrait du dernier dividende, ne laisse rien pour reste.

L'opération ainsi faite donne à chaque indigent, pour part égale, 14 fr. 25 c.

DE LA DIVISION DES QUANTITÉS DÉCIMALES.

Si le nombre des décimales est le même dans le dividende et dans le diviseur, la division se fait alors comme si c'étaient des nombres entiers, et il n'y a rien à changer au quotient; en effet, diviser un nombre, c'est chercher combien de fois il en contient un autre. Conséquemment, si on a 43,45 à diviser par 2,27, c'est chercher combien de fois 43,45, qui est la même chose que quatre mille trois cent quarante-cinq centièmes, contient 2,27 ou deux cent vingt-sept centièmes. Or, il est évident que ces deux nombres se contiennent l'un l'autre, comme s'ils représentaient des entiers; le quotient doit donc être le même.

Mais si le nombre des décimales n'est point égal dans le dividende et dans le diviseur, il faudra établir cette égalité en portant à la suite du nombre qui en a le moins une quantité suffisante de zéros, ce qui ne changera rien à la valeur de ce nombre, ainsi que nous l'avons démontré plus haut. Les parties deviendront alors de même espèce, et leur quotient s'obtiendra comme si c'étaient des entiers qu'il s'agit de diviser.

Supposons, par exemple, qu'il s'agit de diviser 44,375 par 2,3 ou chercher combien de fois 44,375 millièmes contiennent 23 dixièmes, ou 230 centièmes, ou 2,300 millièmes qui sont la même chose. Or, il est évident que 44,375 millièmes contiennent 2,300 millièmes autant que 44,375 entiers contiennent 2,300 entiers. Il faut donc mettre à la droite du diviseur 2,3 deux zéros, ce qui donne 2,300 qui sont la même chose, et faire ensuite la division sans avoir égard à la virgule.

Opération.

44,375	2,300
2,300	
21375	19,2
20700	
006750	
4600	
2150	

Ce qui donne pour quotient 19 avec un reste 675. Si l'on veut avoir des décimales au quotient, il faut ajouter à la suite du reste autant de zéros qu'on veut en avoir au quotient, et l'on continue l'opération de la même manière.

La raison en est facile à saisir; en effet si j'ajoute un zéro au reste 675, je le rends dix fois plus fort. Conséquemment le nouveau chiffre que je mettrai au quotient sera dix fois trop fort. Il faut donc pour compenser le rendre dix fois plus petit, c'est-à-dire exprimer que ce sont des dixièmes, en le séparant des unités trouvées précédemment par une virgule, ce qui donne 19,2. Si l'on voulait avoir des centièmes, il faudrait ajouter un zéro au reste 2150 que nous venons de trouver, et placer le chiffre qui résulterait de cette nouvelle division au rang des centièmes, et ainsi de suite; d'où l'on voit qu'on peut toujours approcher du véritable quotient aussi près que l'on voudra.

Si l'on avait à diviser l'une par l'autre des fractions décimales seulement; si l'on avait, par exemple, 0,34 à diviser par 0,003, il faudrait toujours compléter le nombre des décimales, ce qui donnerait 0,340 à diviser par 0,003 ou 340 millièmes à diviser par 3 millièmes, ou 340 à diviser par 3. On voit donc qu'il ne faut point tenir compte des zéros qui peuvent se trouver compris entre la virgule et le premier chiffre positif de la fraction.

On aurait encore pu faire la division sans ajouter de zéros à la droite du diviseur, en ayant soin de retrancher après l'opération autant de chiffres par une virgule, qu'il y avait de décimales de plus dans le dividende que dans le diviseur. En effet, si les deux nombres 44,375 et 2,3 étaient tous deux des dixièmes, ils en contiendraient tout autant de fois que si c'étaient des entiers. Mais le nombre 44,375 représente des millièmes, c'est-à-dire des unités cent fois plus petites que les dixièmes représentés par 2,3; il en contiendra donc cent fois moins; donc il faudra, après l'opération, rendre le quotient cent fois plus petit; ce qui s'exécutera en séparant deux chiffres par la virgule, ainsi que nous l'avons dit plus haut.

EXEMPLES.

Deuxième opération :

Dividende, 24,6720 | 5 diviseur.

4,9344 quotient.

```
Dividende, 24,6720 | 5 diviseur.
             20     |————————————————
            ————     4,9344 quotient.
              46
              45
             ————
              17
              15
             ————
              22
              20
             ————
              20
              20
             ————
               0
```

<table>
<tr><td colspan="2">Troisième.</td><td colspan="2">Quatrième.</td></tr>
<tr><td>6,325</td><td>2,14</td><td>15,400</td><td>10,352</td></tr>
<tr><td>428</td><td>2,9</td><td>10352</td><td>1,48</td></tr>
<tr><td>2045</td><td></td><td>50480</td><td></td></tr>
<tr><td>1926</td><td></td><td>41408</td><td></td></tr>
<tr><td>119</td><td></td><td>90720</td><td></td></tr>
<tr><td></td><td></td><td>82816</td><td></td></tr>
<tr><td></td><td></td><td>7904</td><td></td></tr>
</table>

Ainsi, dans le troisième exemple, on a procédé à la division comme si l'on eût eu 6325 à diviser par 214. Le quotient s'est trouvé 29 ; mais parce que le dividende avait trois décimales et que le diviseur n'en avait que deux, on en a mis une au quotient, en plaçant la virgule avant le 9.

Lorsque le diviseur a plus de décimales que le dividende, comme il est représenté au quatrième exemple, on ajoute autant de zéros que l'on veut au dividende, en sorte cependant que cela rende le nombre de ses décimales un peu plus grand que celui des décimales du diviseur, afin d'en avoir quelques-unes au quotient ; ici, on est censé en avoir ajouté quatre au dividende, car si l'on divise 15,40000 par 10,352, on trouvera le quotient 1,48.

Si l'on veut avoir égard aux restes de ces sortes de divisions, il faut leur ajouter de nouveaux zéros, et les quotients qu'on en tirera, en continuant la division par le même diviseur, seront de nouvelles décimales. Ainsi, dans le troisième exemple, ajoutant tro is zéros au reste 119, on aurait le quotient 2,9556 avec un reste de 16.

Lorsque, par la méthode ordinaire, les divisions seraient trop longues à cause du grand nombre de décimales, on peut en abréger le calcul de la manière suivante :

Je suppose que l'on veuille vérifier le produit 28,51481 trouvé ci-dessus en le divisant par 6,23591 ; après avoir disposé ces deux nombres comme dans la division ordinaire, je demande en 28 combien de fois 6 ? je mets 4 au quotient; ensuite je multiplie tout le diviseur par 4 et je soustrais le produit du dividende : reste 3,57117.

Je divise ce reste en disant : combien de fois 6 est-il contenu dans 35 ? Je mets 5 au quotient, et je multiplie le diviseur par 5. Je dis donc : 5 fois 1 est 5 que je n'écris pas au produit , je retiens seulement une dizaine; je multiplie 9 par 5, ce qui me donne 45 et la dizaine de retenue font 46; en continuant la multiplication, je trouve 311,796 que je soustrais de 357,117 ; il reste 45,321 ; je continue à diviser ce dernier nombre par le même diviseur, en faisant attention qu'il faut toujours reculer d'un chiffre sur la gauche pour faire la multiplication du diviseur par le chiffre du quotient, et n'ajouter au produit que la dizaine qu'aura fournie celle du chiffre précédent. En continuant cette division jusqu'à ce qu'il n'y ait aucun reste, je trouve pour quotient 4,57284, qui se trouvait être le multiplicateur de 6,23591, et dont le produit était 28,51481.

Exemple.

$$
\begin{array}{r|l}
28,51481 & 6,23591 \\
24,94364 & 4,57284 \\
\hline
3,57117 & \\
3,11796 & \\
\hline
45321 & \\
43651 & \\
\hline
1670 & \\
1247 & \\
\hline
523 & \\
498 & \\
\hline
25 & \\
25 & \\
\hline
0 & \\
\end{array}
$$

CHAPITRE III

—

DES FRACTIONS

On appelle fraction tout nombre plus petit que l'unité principale qu'on a choisie.

L'idée de fraction comprend donc l'espèce et le nombre de parties que l'on veut prendre pour avoir une portion plus ou moins grande de telle ou telle quantité ; ainsi un tiers signifie que, l'unité étant divisée en trois parties égales, on en a pris une : la fraction 4 cinquièmes exprime que l'unité étant divisée en cinq parties égales, on en a pris quatre.

Le nombre ou terme supérieur d'une fraction s'appelle numérateur de la fraction, et l'inférieur s'appelle le dénominateur. Ainsi dans la fraction 4 cinquièmes, le numérateur est 4 et le dénominateur est 5.

Une fraction proprement dite est donc une quantité moindre que l'unité, parce que son numérateur est plus petit que son dénominateur ; cependant il n'est pas rare de trouver des expressions en forme de fraction, dont le numérateur est égal, ou même plus grand que le dénominateur. Or, quand le numérateur est égal au dénominateur, la fraction est égale à l'unité; par exemple, 4 quarts signifiant que l'unité est divisée en 4 parties égales, et que l'on prend à la fois ces 4 parties, il est clair qu'on a l'unité entière : ainsi 11 onzièmes égalent 1 ; 99 quatre-vingt-dix-neuvièmes égalent 1.

Il arrive souvent qu'après une opération, on obtient un résultat dans lequel le numérateur est plus grand que le dénominateur. Ce n'est point dans ce cas une fraction proprement dite que l'on obtient, ce sont des entiers sous la forme fractionnaire. On peut facilement s'en débarrasser, en divisant le numérateur par le dénominateur; le quotient indique le nombre d'entiers, et l'on donne au reste le dénominateur de la fraction qui doit leur être ajoutée.

Supposons qu'on obtienne pour résultat d'une opération le nombre $^{23}/_5$, on trouve, en effectuant la division, qu'il est égal à 4 unités plus $^3/_5$. Il est quelquefois plus commode de lui laisser la forme $^{23}/_5$, lorsqu'on doit employer ce résultat dans les calculs subséquents.

Il n'est pas toujours aisé de distinguer au premier coup d'œil quelle est la plus grande de deux fractions, à moins qu'elles n'aient un même numérateur ou un même dénominateur. On ne voit pas tout de suite, par exemple, quelle est la plus grande de ces deux fractions, 3 quarts, 5 septièmes ; mais, 1° si les fractions ont le même numérateur, celle-là est la plus grande dont le dénominateur est le plus petit, puisqu'il entre le même nombre de parties dans la valeur de la fraction, et que ces parties sont plus considérables ; 2° si les fractions ont le même dénominateur, c'est celle qui a le plus grand numérateur qui est la plus grande, puisqu'elle contient un plus grand nombre de parties de l'unité.

Si une quantité est double, triple ou centuple d'une autre, la moitié de la première quantité sera évidemment double, triple ou centuple de la moitié de la seconde quantité. Le tiers, le quart, le millième ou telle autre partie qu'on voudra de la première sera également double, triple ou centuple du tiers, du quart, du millième, et en général de la partie correspondante de la seconde. D'où il suit que les parties semblables de deux ou de plusieurs quantités ont toujours entre elles le même rapport que ces quantités.

La valeur d'une fraction ne change donc pas, soit que l'on divise, soit que l'on multiplie ses deux termes par un même nombre, et par conséquent il y a une infinité de fractions de même valeur, quoique exprimées en termes différents.

Exemples : 36 soixante-douzièmes égalent

18 trente-sixièmes, égalent 6 douzièmes, égalent 1 demi, comme il est évident. La seconde fraction vient des deux termes de la première, divisés l'un et l'autre par deux. On a divisé ceux de la seconde par 3, et ceux de la troisième par 6, ce qui a donné la fraction 1 demi, visiblement égale à celles qui la précèdent. On serait parvenu immédiatement à ce dernier résultat, en divisant les deux termes de la première fraction par 36.

§ 1er.

ADDITION DES FRACTIONS.

L'addition des fractions ne présente aucune difficulté, lorsqu'elles ont le même dénominateurs, il suffit pour cela d'ajouter les numérateur et de donner à la somme le dénominateur commun. Ainsi si on a à ajouter $3/9$, $1/9$, $4/9$, on trouve $8/9$ pour résultat. Mais si les fractions n'ont point le même dénominateur, on ne peut point les ajouter immédiatement, puisque les parties qui les composent ne sont point de même espèce. Il faut alors leur faire subir préalablement une transformation, dont l'objet est de leur donner un dénominateur commun ; alors les parties étant de même grandeur, il n'y a plus qu'à prendre la somme des numérateurs comme nous l'avons fait ci-dessus.

Proposons-nous pour exemple d'ajouter les deux fractions $^1/_3$ et $^3/_4$. Nous avons vu ci-dessus qu'on peut toujours multiplier le numérateur et le dénominateur d'une fraction par un même nombre, sans rien changer à sa valeur, ce qui est évident, puisque si d'un côté on rend les parties plus petites, on en prend un plus grand nombre dans le même rapport.

Conséquemment, si je multiplie les deux termes de la fraction $^1/_3$ par le dénominateur 4 de la seconde, j'aurai une fraction $^4/_{12}$ égale à la première; par la même raison si je multiplie les deux termes de la seconde fraction par le dénominateur 3 de la première, j'aurai une fraction $^9/_{12}$ égale à la seconde : la question est donc ramenée à trouver la somme de deux fractions; $^4/_{12}$ et $^9/_{12}$ égalent $^{13}/_{12}$ ou 1 plus $^1/_{12}$.

Il suit de là que pour réduire deux fractions au même dénominateur, il faut multiplier les 2 termes de chacune des fractions par le dénominateur de l'autre.

Le dénominateur commun est égal au produit des dénominateurs primitifs.

Si on avait un plus grand nombre de fractions, s'il s'agissait par exemple de trouver la somme des fractions $^2/_3$, $^1/_4$, $^3/_5$, il faudrait alors, pour les réduire au même dénominateur, multiplier les deux termes de chacune d'elles par le produit d s dénominateurs des deux autres, et on aura pour dénominateur commun le produit de tou les dénominateurs.

Ainsi dans l'exemple que nou avons choisi, on multipliera 1° les deux termes de la fraction $2/3$ par le produit de 4 par 5, dénominateur des deux autres, ce qui donnera $40/60$ égale à $2/3$; 2° on multipliera les deux termes de la fraction $1/4$ par le produit de 3 par 5, dénominateur des deux autres, ce qui donnera la fraction $15/60$ égale à $1/4$; enfin on multipliera les deux termes de la fraction $3/5$ par le produit 12 du dénominateur des deux premières, ce qui donnera $36/60$ égale à $3/5$. On n'aura plus qu'à ajouter les fractions $40/60$, $15/60$, $36/60$, ce qui se fera en additionnant les numérateurs ainsi que nous l'avons dit. Cela suffira pour faire entendre les exemples suivants.

Exemple :

Si vous avez à additionner

$$1° \dots \dots \dots \dots \quad 1/3$$
$$2° \dots \dots \dots \dots \quad 1/6$$
$$3° \dots \dots \dots \dots \quad 1/4$$
$$4° \dots \dots \dots \dots \quad 1/12$$
$$5° \dots \dots \dots \dots \quad 1/2$$

posez, les unes sous les autres, les fractions ainsi qu'il suit :

Opération.

1º	....	$^1/_3$	$^4/_{12}$
2º	....	$^1/_6$	2
3º	....	$^1/_4$	3
4º	....	$^1/_{12}$	1
5º	....	$^1/_2$	6

$$1 \text{ entier } {}^1/_3 \quad \text{ou} \quad {}^4/_{12}$$

Pour faire cette opération, il faut commencer par mettre le nombre 12 à côté des fractions, et faire un trait dessous, ensuite prendre le tiers de 12, qui est 4, ensuite le sixième de 12, qui est 2, ensuite le quart, qui est 3, ensuite le douzième, qui est 1, et enfin la moitié, qui est 6.

Maintenant, pour savoir combien valent toutes les fractions qui font le sujet de la question, ajoutez lesdits produits 4, 2, 3, 1, 6, et, les additionnant, mettez de 12 en 12 un point qui indiquera un entier, et dites : 4 et 2 font 6 et 3 font 9 et 1 font 10 et 6 font 16, 16 douzièmes valent un entier plus 4 douzièmes.

Votre opération ainsi faite, vous trouverez pour somme totale 1 entier $^1/_3$.

§ II.

SOUSTRACTION DES FRACTIONS.

Si les fractions ont le même dénominateur, on aura leur différence en prenant celle des numérateurs et en donnant au reste le dénominateur commun. Mais si les fractions ont des dénominateurs différents, par exemple s'il s'agit de retrancher $3/4$ de $4/5$, il faudra les réduire au même dénominateur par la méthode que nous avons indiquée en parlant de l'addition ; on échangera ainsi les deux fractions précédentes en $15/20$ et $16/20$, dont la différence est $1/20$.

Si de $7/8$ vous retranchez $3/4$, il viendra à la différence, en opérant de la manière que nous avons indiquée dans l'addition, $4/32$ ou $1/8$.

Exemple :

Qui de $7/8$
Ôte $3/4$
———
reste $4/32$ ou $1/8$.

Je fais cette opération en réduisant au même dénominateur 32 les deux fractions, ce qui s'opère en multipliant les deux dénominateurs l'un par l'autre, savoir : 4 multiplié par 8 font 32 dénominateur commun ; ensuite je multiplie chaque numérateur d'une fraction par le dénominateur de l'autre fraction, ce qui donne d'un côté $^{28}/_{32}$, et de l'autre $^{24}/_{32}$; retranchant ensuite le numérateur 24 du numérateur 28, il reste à la différence $^{4}/_{32}$, qui, réduite à son plus simple terme, donne $^{1}/_{8}$.

§ III

MULTIPLICATION DES FRACTIONS

On multiplie une fraction, ou en multipliant son numérateur ou en divisant son dénominateur. Supposons qu'on ait $^{7}/_{8}$ à multiplier par 2, on y parviendra ou en multipliant le numérateur 7 par 2, ce qui donne pour produit $^{14}/_{8}$, ou en divisant le dénominateur 8 par 2, ce qui donne $^{7}/_{4}$; en effet, dans le premier cas, les parties restant les mêmes, on en prend deux fois autant qu'il en entre dans la fraction qu'on veut multiplier. Dans le second, le nombre de parties reste le même, mais elles sont deux fois plus grandes.

Réciproquement, pour diviser une fraction, il faut diviser son numérateur ou multiplier son dénominateur : telle est la règle qu'il faut suivre toutes les fois que le nombre par lequel on doit multiplier la fraction est un nombre entier ; mais si le multiplicateur est lui-même une fraction, alors il faut, pour avoir le produit, multiplier les deux numérateurs l'un par l'autre, et donner à ce résultat pour dénominateur le produit de ceux des deux fractions qu'on veut multiplier.

Supposons, par exemple, qu'il s'agit de multiplier $^3/_4$ par $^2/_3$, il faut se rappeler ce que nous avons dit précédemment : multiplier, c'est prendre le multiplicande autant de fois qu'il est marqué par le multiplicateur; c'est donc prendre $^3/_4$ deux tie s de fois; ou, ce qui est la même chose, les deux tiers de $^3/_4$; conséquemment, il ne faudra pas s'étonner si le produit est plus petit que chacune des fractions qu'il s'agit de multiplier.

Reprenons l'exemple que nous nous sommes proposé ; j'écris les deux fractions ainsi qu'il suit $^3/_4 \times {}^2/_3$ (le signe $\times$ signifie à multiplier par), et je dis : supposons d'abord que ce soit par 2 que la fraction $^3/_4$ doive être multipliée, il faudra, d'après ce que nous avons dit, multiplier le numérateur par 2, ce qui donne pour produit $^6/_4$; mais j'observe que la quantité $^2/_3$ par laquelle je dois multiplier est trois fois plus petite que 2, conséquemment, le produit $^6/_4$ que j'ai obtenu est trois fois trop fort, il faut donc le diviser par 3, ce qui s'opère en multipliant son dénominateur par 3, ce qui donne $^6/_{12} = ^1/_2$.

Cette opération, qui paraît présenter des difficultés, est néanmoins très simple : elle se réduit dans lesdites fractions $^3/_4 \times ^2/_3$ à multiplier numérateur par numérateur, et dénominateur par dénominateur ; et l'on aura :

3 multiplié par 2 donne 6

4 multiplié par 3 donne 12 ;

réduisant cette fraction à son plus simple terme, on a évidemment $^1/_2$.

Il en est de même de plusieurs fractions qu'on aurait à multiplier. Par exemple, les fractions $^4/_5 \times ^5/_6 \times ^1/_2 \times ^3/_4$.

Je multiplie tous les dénominateurs l'un par l'autre, ce qui donne 240 pour dénominateur commun.

§ IV

DIVISION DES FRACTIONS.

Nous avons vu précédemment que, pour diviser une fraction par un nombre entier, il fallait diviser le numérateur par ce nombre ou multiplier son dénominateur par ce même nombre. Ainsi s'il s'agit de diviser la fraction $^9/_{11}$ par 3, on aura pour quotient $^3/_{11}$ ou $^9/_{33}$. Il est inutile de dire qu'on ne multiplie le dénominateur qu'autant que le numérateur

n'est point multiple du nombre par lequel il
faudrait diviser, parce qu'il faut toujours autant que possible, donner aux fractions la
forme la plus simple. Ainsi, dans le cas que
nous venons de considérer, il vaut mieux diviser le numérateur par 3, ce qui donne
$^3/_{11}$, que de multiplier le dénominateur.
Mais si le numérateur n'était point exactement divisible par 3, s'il s'agissait, par exemple, de diviser $^7/_{11}$ par 3, alors il faudrait
multiplier le dénominateur, ce qui donnerait $^7/_{33}$.

Cela posé, nous allons chercher quelle est
la règle à suivre pour la division, lorsque le
dividende et le diviseur sont deux fractions.
Soit pour exemple $^3/_4$ à diviser par $^2/_3$, c'est-
à-dire soit proposé de chercher combien de
fois $^3/_4$ contient $^2/_3$. Je pose les deux
fractions ainsi qu'il suit : $^3/_4$: $^2/_3$ (le
signe : signifie à diviser par), et je dis : supposons que le quotient, au lieu d'être $^2/_3$,
soit seulement 2, il faudra, d'après ce que
nous venons de dire, multiplier le dénominateur 4 par 2, ce qui donnera pour quotient
$^3/_8$. Maintenant j'observe que ce n'était point
par 2 que je devais diviser, mais par la quantité $^2/_3$ trois fois plus petite que 2; donc le
quotient $^3/_8$ que j'ai trouvé d'après la première hypothèse, est trois fois trop petit; il
faut donc le rendre trois fois plus grand. On
y parviendra en multipliant son numérateur

par 3, ce qui donne pour quotient de $^3/_4$ par $^2/_3$, $^9/_8$ égale 1 plus $^1/_8$. On peut s'assurer de la vérité de ce résultat en multipliant le quotient $^9/_8$ par le diviseur $^2/_3$; on doit retrouver le dividende de $^3/_4$. En effet, on a, d'après les règles indiquées plus haut pour la multiplication des fractions, pour produit de $^8/_9$ par $^2/_3$, $^{18}/_{24}$. Mais on peut diviser les deux termes de cette fraction par 6 sans rien changer à sa valeur, parce que si d'un côté on prend six fois moins de parties, en revanche ces parties sont six fois plus fortes. On trouve $^3/_4$ pour résultat, ainsi que nous l'avons annoncé. Réciproquement la preuve de de la multiplication de fractions se fait en divisant le produit par l'un des facteurs; si l'opération est exacte, on doit trouver l'autre facteur.

Il suit de ce que nous venons de dire que, pour diviser une fraction par une autre fraction, il faut multiplier le numérateur de la fraction dividende par le dénominateur de la fraction diviseur, et donner à ce résultat, pour dénominateur, le produit ou le dénominateur de la fraction dividende par le numérateur de la fraction diviseur; ou, ce qui revient au même, renverser la fraction diviseur, et opérer ensuite comme si l'on voulait multiplier. Ainsi, dans l'exemple précédent, je mettrais les deux fractions $^3/_4 : {}^2/_3$ sous la forme $^3/_4 \times {}^3/_2$, ce qui, en multipliant, donne $^9/_8$.

La même chose aurait lieu si le dividende, au lieu d'être une fraction, était un nombre entier, parce qu'il est toujours censé avoir pour dénominateur l'unité. Ainsi s'il s'agissait de diviser 2 par $^3/_4$, je renverserais la fraction $^3/_4$ qui me donnera $^4/_3$, que je multiplierai ensuite par le dividende 2, ce qui me donnera $^8/_3$ pour quotient de 2 par $^3/_4$, c'est-à-dire que 2 contient $^3/_4$ 8 tiers de fois, ou, ce qui est la même chose, 2 fois plus $^2/_3$ de fois.

Ce qui précède suffit pour mettre à même de faire avec facilité toutes les opérations qui peuvent se présenter sur les fractions.

§ V

DE LA TRANSFORMATION DES FRACTIONS ORDINAIRES EN FRACTIONS DÉCIMALES.

Nous avons considéré jusqu'ici les fractions comme des expressions dans lesquelles le dénominateur marque en combien de parties on conçoit que l'unité principale est divisée, et le numérateur combien il entre de parties dans la valeur de la fraction ; mais on peut encore les considérer comme des restes de division dont le numérateur serait le dividende, et le dénominateur le diviseur. En effet dans la fraction $^3/_4$, par exemple, l'on peut considérer 3 comme devant être divisé en 4 parties pour prendre une de ces parties ou considérer 1 comme étant divisé en 4 parties pour prendre 3 de ces parties. La fraction $^3/_4$ est donc la même chose que 3 à diviser par 4. Or, il est clair qu'en l'envisageant de cette dernière manière, on pourra facilement la réduire en décimales, et approcher de sa valeur autant qu'on le jugera à propos.

$$\begin{array}{c|c} 30 & 4 \\ \hline 20 & 0,75 \end{array}$$

4 n'étant point contenu dans 3, j'ajoute un zéro à la suite de 3, ce qui me rend le dividende 10 fois plus fort qu'il ne doit être réellement. Je dis alors : en 30 combien de fois 4, il y est 7, je pose 7 au quotient; ensuite je dis : 4 fois 7 font 28, de 30 reste 2; je pose 2 sous le dividende; mais le dividende 30 étant 10 fois trop fort, le quotient 7 est aussi 10 fois trop fort : il faut donc, pour avoir le véritable quotient, le rendre 10 fois plus petit, c'est-à-dire exprimer que ce sont 7 dixièmes, ce qui se fera en mettant un zéro à la gauche du 7, pour tenir place des unités, et le séparant du chiffre 7 par une virgule. Le quotient 0,7 est donc égal à $^1/_4$ à moins d'un dixième près. Si l'on veut en approcher davantage, on mettra un zéro à la

droite du chiffre 2, ce qui donne 20, qui, étant divisé par 4, donne 5, qu'on place au rang des centièmes, par la même raison que ci-dessus ; ce qui donne 0,75 pour la valeur exacte de la fraction $^3/_4$. Mais s'il y avait encore un reste, le quotient ne serait égal à cette valeur qu'à moins d'un centième près : il faudrait, pour en approcher davantage, ajouter encore un zéro au dernier reste, et ainsi de suite.

S'il arrivait que, dans le cours des divisions successives, le diviseur fût tel que le reste, suivi d'un zéro, ne pût pas le contenir ; si l'on avait, par exemple, 2 à diviser par 340,

$$
\begin{array}{c|l}
2000 & 340 \\
\hline
1700 & 0,005 \\
1300 &
\end{array}
$$

il faudrait en ajouter un nombre suffisant pour qu'il pût le contenir, et placer le chiffre qui viendrait au quotient à un rang déterminé par le nombre de zéros qu'on aurait ajoutés. Ainsi, dans l'exemple que nous considérons, où l'on a ajouté trois zéros, on a rendu le dividende mille fois trop fort, il faut donc exprimer que le chiffre 5 qui vient au quotient exprime des millièmes, c'est-à-dire le placer au troisième rang à droite de la virgule.

Si le chiffre 2 était le reste d'une division

par 340, dont le quotient déjà trouvé fut 2,41, alors il faudrait mettre deux zéros à la suite du quotient 2,41 déjà trouvé, afin de tenir la place des millièmes et des dix-millièmes, ce qui donnerait 2,41005.

En général, toutes les fois que l'on ajoutera un zéro à la droite du dividende, il faudra placer le chiffre qui viendra un rang plus à droite de la virgule.

La fraction $^3/_4$, que nous avons considérée, nous a donné 0,75 ; mais toutes les fractions ne sont point susceptibles d'une transformation exacte ; $^1/_3$, par exemple réduit en décimales, donne 0,3333, à l'infini, puisque l'on a toujours le reste 1. On peut donc en approcher aussi près qu'on voudra, sans pouvoir jamais l'atteindre.

La fraction $^1/_6$ se transforme en 0,1666 où l'on voit que, le même chiffre revenant toujours, il n'est point possible de l'avoir exactement.

La fraction $^1/_7$ est dans le même cas ; on trouve, en transformant cette fraction 0,142857 142857... Or, le retour périodique des mêmes chiffres annonce l'impossibilité de la transformation. On peut, il est vrai, se dispenser de pousser plus loin la division, en écrivant de suite le même chiffre qui se répète, ou la période, lorsqu'il y en a plusieurs qui reviennent au quotient dans le même ordre.

En général, il est impossible de réduire en

décimales une fraction ordinaire dans deux cas différents.

Le premier a lieu toutes les fois que deux divisions successives donnent le même reste.

Le deuxième, lorsque les chiffres du quotient reviennent dans le même ordre.

Il suit de là que le dénominateur fait connaître la limite la plus reculée du retour périodique dont il s'agit ; le dénominateur 7, par exemple, indique qu'en réduisant $1/7$ en décimales, les chiffres ne peuvent reparaître dans le même ordre plus tard qu'au septième rang. On en trouvera aisément la raison en y réfléchissant un peu ; il est plus ordinaire cependant qu'ils reviennent dans des cas semblables avant le rang désigné par le dénominateur, on peut le vérifier sur la fraction $1/13$ entre autres.

S'il est toujours facile de transformer en décimales les fractions ordinaires, on éprouve souvent de la difficulté pour ramener les premières à celles-ci ; on opère néanmoins cette réduction d'une manière bien facile dans les exemples les plus familiers.

On suppose que l'on demande en fraction ordinaire la valeur de 0,3333 ; si l'on multiplie par 10 la quantité donnée, on aura 3,333, et si on la soustrait de ce produit, il ne restera qu'une quantité neuf fois plus grande que 0,3333. Ce reste est 3, dont la neuvième partie est $1/3$. On conclura donc que 0,333 est égal à $^1/_3$, comme on le sait d'ailleurs.

Il en est de même de la fraction 0,142857, 142857... qui, multipliée par 10, devient 142857,142857 ; si l'on retranche de ce produit le triple de la quantité donnée, le reste ne sera que sept fois p us grand que cette quantité ; or, le triple de 0,142857,142857 est 0,428571428571 ; le reste sera donc 1, dont la septième partie est $^1/_7$, comme ci-dessus.

Les calculs ordinaires ont rarement besoin d'une exactitude qui nécessite plus de deux ou trois décimales ; souvent la question détermine jusqu'à quel point il faut pousser la division. Supposons, par exemple, qu'on ait besoin du quotient de 1 par 7, à moins d'un centième près, je divise, à l'ordinaire, et je trouve 0,14, avec un reste que je néglige. Or, cette fraction est plus petite que $^1/_7$. Pour rendre cette différence la moins considérable possible, on a coutume d'ajouter une unité au dernier chiffre, lorsque celui qui le suivrait immédiatement, si l'on continuait la division, surpasse 5 ; on n'en tient pas compte lorsqu'il est moindre. Dans ce cas-ci, où le chiffre qui suivrait immédiatement 4, si l'on continuait la division de 1 par 7, est 2, c'est 0,14 qu'il faut prendre. Mais si on voulait l'avoir à moins d'un millième près, on trouverait d'abord 0,142 ; et, comme le chiffre qui suivrait 2, si l'on continuait, est un 8, on prendrait pour valeur approchée de la fraction 0,143.

§ VI

DES PROPORTIONS

On entend par raison ou rapport le résultat de la comparaison de deux quantités.

Si l'on a pour objet de savoir combien l'une des quantités l'emporte sur l'autre, ce résultat s'appelle rapport arithmétique. Si l'on cherche combien de fois l'une contient l'autre, on l'appelle rapport géométrique. Nous ne nous occuperons que de celui-ci, parce que son application est d'un usage plus habituel. Ainsi si l'on compare les quantités 8 et 4, le nombre 2 qui indique combien la première contient la seconde, est la raison ou le rapport de ces deux quantités.

On dit que 4 quantités sont en proportion, lorsqu'elles sont telles que la première contient la seconde autant de fois que la troisième contient la quatrième. Les quatre quantités 12, 6, 8, 4, sont en proportion, parce que 12 contient 6 autant de fois que 8 contient 4. On a coutume de les écrire ainsi, 12 : 6 :: 8 : 4, c'est-à-dire 12 contient 6 comme 8 contient 4, ou 12 est à 6 comme 8 est à 4. Les nombres 12 et 4 s'appellent les extrêmes d'une proportion ; ceux du milieu s'appellent les moyens. Les nombres 12 : 6 forment ce qu'on appelle la première raison de la proportion ; 8 : 4 composent la seconde.

On distingue les termes d'une proportion par premier, second, troisième, quatrième, en raison de la place qu'ils occupent.

Chaque raison est composée de deux termes ; le premier qu'on appelle antécédent, et le second qu'on appelle conséquent. 12 est l'antécédent de la première raison ; 4 est le conséquent de la seconde. Je place ici ces définitions, afin d'être facilement entendu, lorsque je me servirai de ces termes.

Principe. — Lorsque 4 quantités sont en proportion, le produit des moyens est toujours égal au produit des extrêmes. Il suit de là que, si trois des 4 termes d'une proportion sont donnés par l'énoncé d'une question, on trouvera toujours le quatrième, en multipliant les deux moyens, si c'est un extrême que l'on cherche, et en divisant ensuite par l'extrême connu ; le quotient sera le terme cherché.

Démonstration. — Reprenons la proportion 12 : 6 :: 8 : 4, que nous avions tout à l'heure ; il est bien clair que, si les antécédents étaient égaux aux conséquents dans chacune des raisons, c'est-à-dire si l'on avait 12 : 12 :: 8 : 8, il est évident, dis-je, que le produit des extrêmes serait égal au produit des moyens, puisqu'on aurait, d'une part, 12 multiplié par 8, et de l'autre, 8 multiplié par 12. Or, il est clair que l'égalité subsistera encore si l'on divise ces deux produits par un même nombre, ou seulement l'un des deux facteurs conséquents. Si l'on remplace les conséquents 12 et 8 par les conséquents 6 et 4 qui sont dans la première proportion (ce qui est la même chose que si l'on divisait le facteur 12 du premier produit par la raison, et le facteur 8 du second également par la raison), les produits 6 multiplié par 8 et 12 multiplié par 4 seront encore égaux ; ce qu'il fallait démontrer.

Il est facile de voir que cela aura lieu, quels que soient les nombres qui composent la proportion.

Réciproquement si les quantités sont telles, que le produit de deux d'entre elles soit égal au produit des deux autres, les deux premières peuvent former les moyens d'une proportion dont les deux secondes seraient les extrêmes.

Conséquemment on peut, dans une proportion, changer les moyens et les extrêmes de place, mettre les moyens à la place des extrêmes, et réciproquement, sans qu'il cesse d'y avoir proportion, puisque les produits des extrêmes et des moyens seront toujours égaux.

C'est sur le principe que nous venons de

démontrer que sont fondées toutes les règles de trois, de société, d'intérêt, d'escompte, etc. dont nous parlerons par la suite, et qui sont d'un usage si fréquent dans la société. Il est donc important de se bien pénétrer de sa vérité, et de se familiariser avec lui. Les règles dont nous venons de parler n'en sont que de simples applications.

CHAPITRE IV

—

§ Ier

RÈGLE DE TROIS

Proposons-nous d'abord cette question :
16 mètres de marchandise ont coûté 29 fr.
combien coûteront 45 mètres ?

Il est clair qu'il faudra payer d'autant plus
que la quantité de marchandise que l'on
veut acheter sera plus considérable. Ainsi,
si la quantité qu'on veut acheter est double, triple, etc., de celle qu'on a déjà, il
faudra payer une somme double ou triple du
prix de celle-ci. Les sommes sont donc entre
elles comme les quantités de marchandises
dont elles sont les prix. Elles forment donc
avec elles des proportions. Or, trois de ces
termes sont donnés par l'état de la question ;
savoir : 16 mètres, 29 fr., 45 ; conséquemment,
si l'on pose la proportion 16 : 45 : : 29, il ne
s'agira plus, pour avoir le prix de 45 mètres,
que de trouver le quatrième terme de cette
proportion. Or, nous avons démontré précédemment que, dans toute proportion, le produit des extrêmes est égal au produit des

moyens. Conséquemment, si l'on divise le produit des moyens par un des extrêmes, on aura l'autre pour quotient. Donc, si, dans l'exemple dont il s'agit, on multiplie l'un par l'autre les deux moyens 45 et 29, et qu'on divise le produit par l'extrême connu 16, on aura pour quotient le prix des 45 mètres.

Opération :

16 : 45 : : 29 :
29

405
90

1305 | 16

25 | 81 fr. 56 c. 25 dix-mill. prix des
90,0 | 45 mètres.
100
40,0
80
00

Ce qui donne 81 fr. 56 c. 25 dix-mill. pour le prix de 45 mètres.

Pour s'assurer de l'exactitude de l'opération, il faut voir s'il y a proportion, c'est-à-dire si le produit des extrêmes est égal au produit des moyens. Or, 16 multiplié par 81 fr. 56 cent. 25 dix-mill., donnent pour produit 1,305; et 45 multiplié par 29 donnent également 1,305, donc l'opération est bonne, puisque les prix sont en proportion avec les quantités des marchandises qu'ils représentent.

Deuxième opération.

27 mètres d'ouvrage ont coûté 12 fr. 75 c., combien 42 mètres coûteront-ils?

Il est clair que le prix des 42 mètres contiendra 12 fr. 75 c., prix des 27 mètres autant de fois que 42 contient 27. Conséquemment, il sera le quatrième terme d'une proportion dont sont ceux-ci :

$$27 : 42 :: 12 \text{ fr. } 75 \text{ c. :}$$

Donc, si l'on multiplie 12 fr. 75 c. par 42, et qu'on divise le produit par 27, on aura pour quotient le produit des 42 mètres.

Opération.

27 : 42 :: 12 fr. 75 c. :
```
              42
        ─────────────
           2550
           5100
        ─────────────
           535,50   │   27
        ─────────────┼─────────────────────────
            265      │   19 fr. 83 c.  33 dix-mill.
            225
             90
        ─────────────
            900
             90
        ─────────────
              9
```

Ce qui donne 19 fr. 83 c. 33 dix-mill., plus 9, restant, qui iraient à l'infini, comme nous l'avons dit plus haut, si on voulait continuer.

La preuve se fait, comme nous l'avons dit, en s'assurant s'il y a proportion, c'est-à-dire si le produit des extrêmes est égal au produit des moyens.

On pose souvent ainsi la proportion.

Si 27 mètres coûtent 12 fr. 75 c., combien coûteront 42 mètres? Et on opère comme nous l'avons dit. Il est facile de voir que le quatrième terme sera toujours le même, puisqu'on ne fait que changer les moyens de place, ce qui ne change rien, comme nous l'avons vu. Seulement nous pensons qu'il est plus naturel de comparer les quantités de même espèce, et dire que 27 mètres sont contenus dans 42 mètres, comme 12 fr. 75 c. sont contenus dans un quatrième terme qu'il s'agit de trouver, et qui est le prix des 42 mètres. Cependant cette manière de poser la r`gle de trois étant très usitée, nous en donnerons quelques exemples. On sera toujours le maître d'adopter celle qu'on trouvera la plus commode ou la plus naturelle. L'observation que nous venons de faire n'a pour but que de montrer que l'on arrive au même résultat dans l'un et l'autre cas.

Une marchandise a été achetée 324 fr. :

elle a été revendue 397 fr.; on demande combien on a gagné pour 100.

Il est évident que, si on soustrait de la somme 397 fr. qu'on l'a vendue, celle 324, on aura le gain.

de   397 fr.
ôtez   324
____

reste   73 fr. pour bénéfice.

Maintenant il est clair que le bénéfice pour cent sera contenu dans 73 fr. autant de fois qu'il y a de fois cent dans 324 ; ce sera donc le quatrième terme de cette proportion, 324 : 100 :: 73 : ou, ce qui est la même chose.

Si 324 donnent 73 de bénéfice,

combien 100 donneront-ils ?

7300 fr.	324
820	22 fr. 53 c. 8 m.
1720,0	
1000	
2800	
208	

Ce qui donne 22 fr. 53 c. 8 mill., plus 208 à diviser par 324 que l'on néglige.

La preuve se fait comme elle a déjà été indiquée.

§ II

RÈGLE DE TROIS INVERSE

On appelle règle de trois inverse celle dans laquelle le nombre qu'il s'agit de trouver doit être d'autant plus petit que celui qui lui est lié immédiatement par l'état de la question est plus considérable.

Dans le premier exemple, nous avons vu que, plus le nombre de mètres était grand, plus la somme qu'il fallait payer devait être grande ; le prix croît donc comme le nombre de mètres qu'il faut acquitter (c'est ce qu'on appelle une règle de trois directe); mais s'il s'agissait de résoudre une question telle que celle-ci : on a tiré 1500 exemplaires d'un ouvrage ; chaque exemplaire contient 12 feuilles, combien a-t-on employé de rames de papier de 500 feuilles chacune? Il est clair, dans ce cas-ci, que le nombre de rames qu'il s'agit de trouver est d'autant plus petit qu'elles contiennent un plus grand nombre de feuilles, il sera donc contenu dans 1500 autant de fois que 12 est contenu dans 500. Conséquemment, on le trouvera, en calculant le quatrième terme de cette proportion.

$$500 : 12 :: 1500 :$$

$$
\begin{array}{r}
1500 \\
12 \\
\hline
3000 \\
1500 \\
\hline
18000 \\
3000 \\
000
\end{array}
\quad
\begin{array}{|l}
500 \\
\hline
36 \text{ rames.}
\end{array}
$$

Ce qui donne 36 rames pour résultat.

On peut se convaincre immédiatement de la marche que nous avons suivie. En effet, si l'on multiplie le nombre 1500 exemplaires par le nombre de feuilles contenues dans chacun d'eux, il est clair qu'on aura le total des feuilles employées ; maintenant il y a 500 feuilles dans chaque rame : donc si on divise le nombre total de feuilles par 500, on aura le nombre des rames. C'est précisément ce que nous avons fait.

CHAPITRE V

—

RÈGLE DE COMPAGNIE

On appelle règle de compagnie celle qui a pour objet de déterminer le gain ou la perte de plusieurs associés, en raison de la somme qu'ils ont versée dans la caisse de la société.

Exemple.

Trois marchands ont formé un fonds sur lequel ils ont profité de 8,425 fr.

Le premier a mis......... 25 fr.
Le second a mis.......... 64
Le troisième a mis........ 59

On demande combien il leur revient à chacun en raison de leur mise.

Ajoutez ensemble toutes les mises, vous aurez 148 fr.

La question est donc celle-ci :

1º 148 fr. ont rapporté 8,425 fr. combien 25 rapporteront-ils? Le résultat donnera la part du premier.

2º 148 fr. ont donné 8,425 de bénéfice, combien donneront 64? Le résultat sera la part du second.

3º 148 fr. ont donné 8,425, combien 59? On aura la part du troisième.

Si l'opération est bonne, la somme de toutes les parts doit être égale au gain qui est ici 8,425 fr.

Première opération.

Si 148 fr. donnent 8,425 fr., combien 25 fr. ?

$$8,425$$
$$25$$
$$\overline{}$$
$$42,125$$
$$16,850$$
$$\overline{}$$

210,625	148
626	1,423 fr. 14 c. 18 dix-mill.
342	
465	
2100	
620	
2800	
1320	

136 restant du 1ᵉʳ associé.

Deuxième opération.

Si 148 donn. 8,425 fr. : : 64 : ?
                    64
                ———————
                 33,700
                 50,550
                ———————
         539,200 | 148
                 ——————————————
             952 | 3,543 fr. 24 c. 32 dix-mill.
             640
             480
           3,600
             640
           4,800
             360
           64 restant du 2ᵉ associé.

Troisième opération.

Si 148 donn. 8,425 fr. : : 59 : ?
                    59
                ———————
                 75,825
                 42,125
                ———————
         497,075 | 148
             530 ——————————————
             867 | 3,358 fr. 61 c. 48 dix-mill.
           1,275
           9,100
                 220
           7,200
           1,280
             96 restant.

La preuve se fait en réunissant les trois parts trouvées.

$$1^{\text{re}} \text{ part, } 1{,}423 \text{ fr. } 14 \text{ c. } 18 \qquad 130/148$$
$$2^{\text{me}} \text{ part, } 3{,}643 \qquad 24 \qquad 32 \qquad 64/148$$
$$3^{\text{me}} \text{ part, } 3{,}358 \qquad 61 \qquad 48 \qquad 96/148$$

$$8{,}425 \text{ fr. } 00 \text{ c. } 00 \text{ m. } 296/148$$

$$000{,}2$$

Chaque restant à diviser par 148 réunis ensemble forment 2 entiers que l'on reporte sur les dix-millièmes.

Il arrive souvent qu'un ou plusieurs associés retirent, après un certain temps, en tout ou en partie, la somme qu'ils ont versée, ou qu'ils n'entrent dans la société qu'après qu'elle a été formée. Or, il est clair que, dans ce cas, on doit considérer non-seulement la somme qu'ils ont versée dans la caisse, mais encore le temps que cette somme a été à la disposition de la société.

Supposons, par exemple, qu'il s'agit de trouver les parts qui reviennent à trois associés qui ont gagné 517 fr. au moyen des sommes suivantes :

Le premier a mis 54 fr., qui sont restés pendant six mois ;

Le second a mis 38 fr., qui sont restés pendant onze mois ;

Enfin, le troisième a mis 49 fr. pendant un an.

On ne peut, dans ce cas, déterminer la part de chacun immédiatement par une règle de trois, il faut auparavant ramener les mises à une même unité dé temps. Or, on y parviendra en observant que 54 fr. restés pendant six mois à la société sont la même chose que 6 fois 54 fr. ou 324 fr., qui ne seraient restés que pendant un mois.

Que 38 fr. pendant 11 mois sont la même chose que 11 fois 38 ou 418 fr. pendant 1 mois.

Enfin, que 49 fr. pendant un an équivalent a 588 fr. pendant 1 mois. La question est donc réduite à celle-ci :

Trois associés ont mis,

Le 1er... 324 fr.
Le 2e.... 418 } pendant un mois.
Le 3e.... 588

Ils ont gagné, pendant ce temps, 547 fr., combien revient-il à chacun? Ce qui rentre dans le premier exemple que nous avons donné.

Ces deux exemples suffisent pour mettre à portée de faire toutes les règles de compagnie qui peuvent se présenter, quelque compliquées qu'elles paraissent d'abord; on pourra toujours, avec un peu d'attention, les ramener, comme nous l'avons fait tout à l'heure, au cas du premier exemple.

Nous terminerons ce que nous avons à dire par la solution de quelques questions relatives aux proportions. Nous ne pouvons trop engager à bien se convaincre des propriétés de celles-ci, et à se les rendre familières, parce qu'elles sont la base de toutes les règles de trois, de compagnie, etc. dont nous avons parlé précédemment. Les questions dont nous allons nous occuper sont plus compliquées que celles que nous avons résolues jusqu'ici. Nous ne donnerons point à la solution de chacune d'elles le nom d'une règle particulière, afin d'éviter tout ce qui peut assujettir à une routine qui fatigue la mémoire, et qui expose à des erreurs; il faut s'accoutumer à ne prendre jamais d'autre guide que le raisonnement. On jouit de cette manière de la satisfaction intime que procure la certitude d'avoir bien fait.

PREMIÈRE QUESTION.

Un particulier a fait travailler 15 ouvriers qui lui ont fait, en 12 jours, 236 mètres d'ouvrage, combien 18 ouvriers en feront-ils en travaillant seulement pendant 3 jours?

Solution.

Il est évident que le travail fait par 15 ouvriers pendant 12 jours, est la même chose

que celui que feraient 12 fois 15 ouvriers ou
180 ouvriers travaillant seulement pendant un
jour. De même le travail que feront 18 ouvriers, travaillant ensemble pendant 3 jours,
est la même chose que celui que feraient 3
fois 18 ou 54 ouvriers qui ne travailleraient
seulement que pendant un jour. La question
proposée est donc la même que celle-ci : 180
ouvriers ont fait, pendant un jour, 236 mètres d'ouvrage, combien 54 ouvriers en feront-
ils ?

Or, il est évident que les quantités d'ouvrage seront proportionnelles au nombre
d'ouvriers employés à les faire, c'est-à-dire
que le nombre 236, qui exprime la quantité
d'ouvrage fait par 180 ouvriers, contiendra la
quantité d'ouvrage que feront 54 ouvriers
autant de fois que 180 contient 54 : le nombre
cherché est donc le quatrième terme de cette
proportion :

$$180 : 54 :: 236 :$$

Mais nous avons démontré que, dans toute
proportion, le produit des extrêmes était égal
au produit des moyens ; conséquemment
qu'un extrême quelconque était toujours
égal au produit des moyens divisé par l'autre
extrême. Donc, si nous multiplions l'un par
l'autre les deux moyens 54 et 236, et que
nous divisions le produit par l'extrême 180,
nous aurons pour quotient l'autre extrême

ou le nombre de mètres d'ouvrage que pourront faire 54 ouvriers pendant un jour, ou 18 ouvriers pendant 3 jours.

$$236 \times 54$$

$$236$$
$$54$$
$$\overline{944}$$
$$1180$$
$$\overline{1274,4}$$

$$
\begin{array}{r|l}
1274,4 & 180 \\
01440 & \overline{70,8} \\
{}^{\text{,}}0000 &
\end{array}
$$

Pour s'assurer si le nombre 70 mèt. 80 c. est exact, il suffit de voir s'il y a proportion, c'est-à-dire si le produit des extrêmes et celui des moyens sont égaux. Or, celui des moyens est 12744, celui des extrêmes 180 et 70,8 est aussi 12744. Donc, l'opération est exacte. Il est facile de voir que cette vérification n'est autre chose que les vérifications successives de la multiplication et de la division qu'on est obligé de faire.

DEUXIÈME QUESTION.

15 ouvriers ont reçu 245 fr. 20 c. pour prix de 25 jours de travail, pendant lesquels ils employaient 11 heures par jour; on demande combien on doit payer pour le salaire

de 19 ouvriers qui ont travaillé au même ouvrage pendant 13 jours, mais seulement 8 heures par jour.

Solution :

Cette question peut être ramenée facilement à une règle de trois ou à une simple proportion, comme la précédente. En effet, 25 jours de travail à 11 heures par jour. sont la même chose que 25 fois 11 ou 275 heures de travail : de même 13 jours à 8 heures égalent 104 heures. Maintenant 15 ouvriers travaillant pendant 275 heures font le même ouvrage que feraient 275 fois 15 ou 4125 ouvriers pendant une heure seulement; par la même raison, 19 ouvriers, travaillant pendant 104 heures, font la même chose que 19 fois 104 ou 1976 ouvriers pendant 1 heure. La question est donc ramenée à celle-ci : 4125 ouvriers ont reçu 245 fr. 20 c. pour prix d'une heure de travail, combien doit-on payer à 1976 ouvriers qui travailleraient pendant le même temps ?

Or, il est clair que les sommes sont proportionnelles aux quantités d'ouvriers dont elles sont le salaire : conséquemment, celle que l'on cherche sera le quatrième terme d'une proportion dont les trois premiers seraient ceux-ci :

$$4125 : 1976 :: 245 \text{ fr. } 20 \text{ c. :}$$

Donc, si l'on multiplie 245 fr. 20 c. par 1976, et qu'on divise le résultat par 4125, on aura la somme cherchée.

$$
\begin{array}{r}
245 \text{ fr. } 20 \text{ c.} \\
1976 \\
\hline
147120 \\
17164 \\
22068 \\
2452 \\
\hline
\end{array}
$$

$$
\begin{array}{r|l}
484515,20 & 4125,00 \\
720152 & \\
3076520 & 117,45 \\
1890200 & \\
2402000 & \\
339500 & \\
\end{array}
$$

Ce qui donne 117 fr. 45 c. pour le salaire de 19 ouvriers. Nous avons ajouté deux zéros au diviseur 4125, pour compléter le nombre de décimales, comme nous l'avons dit en parlant de la division. Si l'on fait la preuve de cette opération, on ne trouvera pas le produit dés extrêmes exactement égal à celui des moyens, attendu qu'il y a un reste 339500 que nous négligeons ; mais cette égalité devra avoir lieu, si l'on tient compte de ce reste, en ajoutant au produit 33,95 que l'on n'a point divisé.

TROISIÈME QUESTION

Un boulanger a acheté du blé qui lui revient à 45 fr. l'hectolitre ; alors il peut donner un kilogramme de pain pour 0,35 centimes ; on demande combien il doit donner de pain pour le même prix, lorsque l'hectolitre de blé ne vaut que 42 fr.

Solution.

Il est clair, dans ce cas ci, qu'il devra donner d'autant plus de pain pour la somme de 0,35 centimes, que le prix de l'hectolitre de blé sera moins considérable ; de manière que, si le prix de l'hectolitre n'était que la moitié du premier, il devrait donner deux fois autant de pain. La quantité de pain qu'il doit donner contient donc celle qu'il donne autant de fois que le prix du blé qui a servi à faire ce dernier contient le prix du blé qui doit servir à faire le premier, cette quantité est donc le quatrième terme de cette proportion :

$$42 : 45 :: 1 \text{ kil.} :$$

$$
\begin{array}{r|l}
1 & \\
\hline
45 & 42 \\
300 & \overline{} \\
060 & 1,071 \\
\hline
18 &
\end{array}
$$

Ce qui donne 1 kil. 071 gr., ou 1071 gr., plus $^{18}/_{42}$, reste négligé.

QUATRIÈME QUESTION.

43 ouvriers, employés dans une manufacture, ont fait 440 mètres d'étoffe en 15 jours; travaillant dix heures par jour; on demande combien il faudrait de jours à 60 ouvriers pour en faire la même quantité, en supposant qu'ils ne travaillassent que 5 heures par jour.

Solution.

Il est clair que le nombre de jours qu'il faut employer pour faire la quantité de 440 mètres, qui est ici constante, dépend et du nombre d'ouvriers et du nombre d'heures qu'ils travaillent par jour. Or, 43 ouvriers travaillant pendant 10 heures par jour font la même chose que 430 ouvriers qui ne travailleraient qu'une heure par jour : par la même raison, 60 ouvriers travaillant 5 heures par jour, équivalent à 300 ouvriers qui ne travailleraient que pendant une heure. La question est donc ramenée à celle-ci: 430 ouvriers ont fait, en 15 jours, 440 mètres de marchandises, combien 300 ouvriers mettront-ils de jours pour en faire la même quantité? Mais il est évident qu'il faudra d'autant plus de jours qu'il y aura moins d'ouvriers à travailler ; conséquemment que le nombre de jours cherché contiendra le nombre 15 de jours employés par 430 ouvriers, de la même manière que le nombre 430 contient le nombre 300 ouvriers qui doivent être employés ; ce nombre sera donc le quatrième terme d'une proportion dont les trois premiers seraient ceux-ci :

$$300 : 430 :: 15 :$$
ou $$30 : 43 :: 15 :$$ ce qui est la même chose.

Opération.

$$30 : 43 :: 15 :$$

$$
\begin{array}{r}
15 \\
\hline
215 \\
43 \\
\hline
\end{array}
$$

$$
\begin{array}{r|l}
64,5 & 30 \\
45 & \\
\cline{2-2}
150 & 21,5 \\
000 &
\end{array}
$$

Ce qui donne 21 jours 5 dixièmes ou 21 jours et demi. Si l'on avait voulu avoir la fraction 5 dixièmes en heures, il aurait fallu multiplier le reste 15 par 5 pour en faire des heures, attendu que la journée de 60 ouvriers n'est que de 5 heures de travail.

CINQUIÈME QUESTION.

Il a fallu 9 hommes pour faire 45 mètres de toile en 4 jours; on demande combien il faudra d'hommes pour en faire 30 mètres en 6 jours.

Solution.

Le nombre d'hommes qu'il faut employer ici dépend et de la quantité de toile qu'il faut faire et du nombre de jours qu'on donne pour la faire. Il faut donc chercher quelle est la quantité qui doit être faite dans une même unité de temps. Or, 45 mètres de toile en 4 jours, c'est le quart de 45 mètres ou $11^m,25$ en un jour; par la même raison, faire 30 mètres en 6 jours, c'est faire 5 mètres par jour: la question devient donc celle-ci:

9 hommes font ensemble $11^m,25$ de toile par jour, combien en faut-il pour en faire 5 mètres?

Il faut d'autant moins d'hommes qu'il y a moins de toile à faire; on le trouvera au moyen de cette proportion:

$$11^m,25 : 5 :: 9 :$$

$$9$$

45,00	11,25
0000	4

Ce qui donne 4 hommes, ainsi que l'on peut s'en assurer. En effet, si 9 hommes font $11^m,25$, un homme fait $\dfrac{11^m,25}{9}.$ Si l'on multiplie cette fraction par 4, on aura ce que feront 4 hommes pendant un jour ; enfin, si l'on multiplie ce produit par 6, on aura ce que feront ces 4 hommes en 6 jours, qui devra, s'il n'a point été commis d'erreur, être égal à 30 mètres.

On aurait pu prendre pour calculer ce temps tout autre nombre que l'unité.

Par exemple, en multipliant 45 par 6, on aurait eu la quantité de toile que 9 hommes sont capables de faire en 24 jours; et en multipliant 30 par 4, on aurait eu la quantité que doit faire le nombre d'hommes cherché aussi en 6 jours. On pourrait prendre tous les multiples et sous-multiples des nombres de jours qui doivent être employés. On prend toujours celui qui semble devoir rendre le calcul plus commode.

SIXIÈME QUESTION.

Un particulier a placé un capital de 240 fr., il a reçu, au bout de 4 ans, 48 fr. d'intérêt ; il désire placer un autre capital de 2,355 fr. au même taux, et demande combien il faudra qu'il attende pour toucher 434 fr. d'intérêt de ce dernier capital.

Solution.

Le taux étant fixé, il est clair que le temps qu'il faut attendre dépend et de la grandeur de la somme placée et de la grandeur de celle qu'on veut toucher pour intérêt.

Cherchons d'abord à établir l'unité de somme. Pour cela, je dis : si 240 fr. rapportent 48 fr., chaque franc rapporte $^{48}/_{240}$ de franc; de même, si 2,355 fr. donnent 434, chaque franc rapportera $^{434}/_{2355}$ de franc; mais $^{48}/_{240}$ constituant l'intérêt d'un franc au bout de 4 ans, $^{434}/_{2355}$ constituent l'intérêt au bout du temps qu'il s'agit de déterminer. Or, il est clair que les temps sont proportionnels aux sommes qu'ils produisent ; conséquemment on aura :

$$^{434}/_{2355} : {}^{48}/_{240} : : 4 :$$

Multipliant $^{434}/_{2355}$ par 4, et divisant le produit par $^{48}/_{240}$, suivant les règles indiquées par la multiplication et la division des fractions, on aura le temps cherché.

On aurait pu également résoudre la question en rendant l'intérêt le même. Pour cela j'aurais dit : si 240 fr. donnent 48 fr. d'intérêt pendant 4 ans, combien en faudra-t-il pour produire 434 fr. dans le même temps? Ce qui m'eût donné cette proportion :

$$48 : 434 : : 240 :$$

Opération.

$$48 : 434 : : 240 :$$
$$240$$

$$17360$$
$$868$$

$$104,160 \mid 48$$
$$81 \mid$$
$$336 \mid 2170$$
$$0000$$

Il faudrait donc 2170 fr. pour rapporter 434 fr. au bout de 4 ans ; conséquemment, si l'on veut savoir combien il faut de temps pour que 2355 fr. rapportent aussi 434 fr., il faudra faire cette proportion :

$$2355 : 2170 : : 4 :$$

parce qu'alors les temps sont d'autant plus petits que les sommes sont plus considérables (c'est ce qu'on appelle être en raison inverse ; ainsi l'on dirait que les temps sont en raison inverse des sommes). Si l'on cherche le quatrième terme, comme nous l'avons fait jusqu'ici, on aura le terme au bout duquel les 2355 fr. auraient rapporté 434 fr.

Il sera bon de le chercher des deux maniè-res; on devra trouver le même résultat.

On pourra s'exercer également sur l'exem-ple suivant :

18 hommes ont fait 45 mètres d'ouvrage en 16 jours; combien 8 hommes mettront-ils de jours pour en faire 30 mètres ?

Avec un peu d'attention, on verra que cette question est la même que la précédente.

SEPTIÈME QUESTION.

Un père ordonne par son testament que le partage de sa fortune, que l'on ne connaît point, se fera de la manière suivante : 1° le fils aîné aura le tiers de la totalité; le second n'aura que les deux tiers de la part de son aîné; enfin le troisième n'aura que le quart de la somme des deux autres; 2° le reste sera distribué aux pauvres.

On demande quelle est la somme qui est destinée aux pauvres, sachant seulement que les trois fils ont reçu ensemble 32,000 fr.

Solution.

Si la fortune du père était connue, on trou-verait immédiatement la somme qui doit être distribuée, en retranchant de la fortune to-tale la somme des trois parts données par l'état de la question.

La solution dépend donc de la connaissance de la fortune du père. Pour la trouver, je réduis d'abord les parts des deux derniers fils, qui sont données en fractions l'une de l'autre, en fractions de la fortune du père. Pour cela, j'observe que le second ayant les deux tiers de la part du premier, a les $^2/_3$ du tiers de la fortune totale ; mais prenant les $^2/_3$ d'une fraction, c'est multiplier cette fraction par $^2/_3$. Conséquemment la part du second sera les $^2/_9$ de la fortune du père.

Maintenant le troisième fils a le quart de la somme qu'ont ensemble ses deux aînés ; cette somme est $^1/_3$ plus $^2/_9$, ou en reduisant $^1/_3$ en neuvièmes, afin de faire l'addition, $^3/_9$ plus $^2/_9$, ou $^5/_9$, dont le quart est $^5/_{36}$.

La question est donc ramenée à celle-ci : on a une certaine somme (la fortune du père) que l'on ne connaît point ; on sait seulement que le tiers de cette somme, les deux neuvièmes et les cinq trente-sixièmes forment ensemble 32,000 francs ; quelle est cette somme ?

Pour cela je prends arbitrairement un nombre dont je puisse prendre facilement et sans aucune fraction (pour ne point compliquer inutilement les calculs) le tiers, les deux neuvièmes et les cinq trente-sixièmes ; le nombre 36, par exemple : le tiers de 36 est 12, les deux neuvièmes sont 8, et les cinq trente-sixièmes égalent 5 ; ces trois fractions réunies forment ensemble 25. Mais les parties se contiennent de la même manière que ces quantités elles-mêmes. Conséquemment 25 tiers plus 2 neuvièmes plus 5 trente-sixièmes du nombre 36 que j'ai supposé sont contenus dans 32,000 tiers plus $^2/_9 \times {}^5/_{36}$ du nombre cherché, autant de fois que 36, nombre supposé, est contenu dans le nombre qu'il s'agit de trouver.

Le nombre cherché est donc le quatrième terme de cette proportion :

$$25 : 32.000 :: 36$$

$$36$$

$$192,000$$
$$96$$

$$\begin{array}{r|l} 115,2000 & 25 \\ \hline 152 & 46,080 \\ 200 & \\ 000 & \end{array}$$

Ce qui donne 46,080 pour la fortune du père. Si l'on retranche 32,000 fr., somme des parts des trois fils, on aura 14,080 fr. pour la somme qui doit être distribuée aux pauvres. On peut s'assurer de l'exactitude de cette opération, en prenant le tiers, les deux neuvièmes et les cinq trente-sixièmes de ces 46,080 fr., qui doivent former 32,000 fr.

CHAPITRE VI

—

RÈGLE D'ÉCHANGE

Cette règle appartient également aux marchands.

Échanger, c'est donner une marchandise pour une autre, suivant convention de surplus en sus de la marchandise.

Exemple :

Un marchand a du drap qu'il veut vendre, argent comptant, 13 fr. 50 c. le mètre, ou bien l'échanger avec une autre marchandise.

L'autre a du velours qu'il veut vendre, argent comptant, 7 fr. 20 c. le mètre, et en échange 7 fr. 90 c.

Combien le marchand de drap doit-il vendre son drap en échange, à raison de 13 fr. 50 c. le mètre comptant, sur ce que l'autre augmente de 70 c. en échange ?

D'abord réduisez en centimes les deux premiers prix de velours qui sont connus, savoir : 7 fr. 20 c., argent comptant, et 7 fr. 90 c. en échange.

Ensuite réduisez en centimes le seul prix du drap qui est de 13 fr. 50 c. argent comptant. Maintenant, on trouve ce que l'on doit payer en échange, par une règle de trois :

Si 720 c., produit des 7 fr. 20 c., donnent 790 c., produit des 7 fr. 90 c., combien 1350 c., produit des 13 fr. 50 c. ?

$$720 \text{ c.} : 790 :: 1350 \text{ c.} :$$

$$1350$$

$$\begin{array}{r} 39500 \\ 2370 \\ 790 \end{array}$$

$$\begin{array}{r|l} 1066500 & 720 \\ 3465 & \\ 5850 & \overline{1481 \text{ c. } 25 \text{ dix-mill.}} \\ 900 & \\ 18000 & \\ 3600 & \\ 000 & \end{array}$$

Cette opération ainsi faite, vous trouvez 1,481 c. 25 dix-mill., qui est le prix que le marchand doit vendre son drap ; cela fait, réduisez les 1,481 c. 25 dix-mill. en francs, il viendra 14 fr. 81 c. 25 dix-mill.

CHAPITRE VII

—

RÈGLE D'INTÉRÊT

L'intérêt est un bénéfice que l'on retire d'une somme prêtée ou avancée. Cette règle se fait par tous les marchands, banquiers ou agents de change.

Soit proposé de trouver l'intérêt de 4,971 fr. à raison de 8 fr. 75 c. pour 100, dites en général :

Si 100 fr. doivent 8 fr. 75, combien devront 4,971 fr. ?

Opération.

100 fr. : 8 fr. 75 c. :: 4,971 :

Multipliant les deux moyens l'un par l'autre, il vient au produit 43496,05. Divisant ce produit par l'extrême connu 100, on aura pour le quatrième terme cherché, qui représente ici l'intérêt, 434 fr. 96 c. 05 dix mil.

La preuve est, comme on l'a indiquée, en multipliant les deux extrêmes, etc.

CHAPITRE VIII

—

RÈGLE DU CHANGE

Le change est un profit que l'on tire d'une somme remise par lettre de change ou en argent comptant, mais pour un temps limité.

Elle se fait par une règle de trois.

Exemple :

Il est dû le change ou intérêt à raison de 6 fr. 25 c. pour cent de la somme de 3843 fr.; ainsi, dites :

Opération.

Si 100 donnent 6 fr. 25 c., combien 3843 ?

```
        3843
    ─────────────
    23,058
       960   75 c.
    ─────────────
    24,018 f. 75 c. │ 1  00
       401          │ ─────────────────────
        01875 c.    │ 240 fr. 18 c. 75 dix-mill.
        875
         7500 m.
          500
          000
```

CHAPITRE IX

RÈGLE D'ESCOMPTE

L'escompte est un profit qu'on déduit d'une somme due, en venant payer comptant avant l'échéance ou le terme que l'on devait payer, qui est un temps limité.

Supposons qu'il soit question d'escompter la somme de 13,320 francs, à raison de 12 fr. 50 c. pour cent.

L'usage étant de rabattre l'escompte dans le cent, dites :

Si sur cent on diminue 12 fr. 50 c., combien sur 13,320 diminuera-t-on ? Vous aurez ainsi le produit de l'escompte : retranchant cette somme de 13,320, on aura celle qui doit être payée. On aurait pu la trouver immédiatement en disant : si 100 se réduisent à 87 fr. 50 c. à combien se réduiront 13,320 ?

Dans le cas particulier où l'escompte 12 fr. 50 c. est le huitième de 100, on peut trouver de suite le profit de l'escompte en divisant par 8 la somme proposée.

Opération.

$$\begin{array}{r|l} 13320 & 8 \\ 55 & \overline{} \\ 52 & 1665\ \text{fr.} \\ 40 & \\ 00 & \end{array}$$

CHAPITRE X

RÈGLE DE TARE

On se sert de cette règle lorsqu'il arrive qu'une marchandise est gâtée, ou qu'elle est enveloppée de toile, cordes, caisse, etc., pour le poids desquelles il faut faire la diminution d'autant de poids qu'il s'en trouve ; ce qu'on évalue à un certain nombre de kilogrammes par cent.

Exemple.

Une balle de marchandise est du poids de 468 kil., ôtez 7 pour cent de tare, combien restera-il ?

Opération.

Dites par une règle de trois :
Si 107 kil. ne valent que 100 kil., combien 468 kil. vaudront-ils ?
Votre opération étant faite, il viendra

437 kil. 383 gr. 1 décigr., plus $^{83}/_{107}$, reste négligé.

Si la tare se perd dans le cent, il faut dire : si 100 se réduisent à 93, à combien 468 se réduiront-ils ?

CHAPITRE XI

RÈGLE D'ALLIAGE

La règle d'alliage a pour objet de trouver le prix moyen de plusieurs marchandises que l'on veut mélanger ensemble, connaissant le prix de chacune en particulier.

Exemple.

Un marchand a quatre espèces de marchandises ; savoir : de la céruse, du blanc de plomb, de la potasse et de l'orpin ; il veut les mélanger dans les proportions suivantes pour en faire une composition.

```
32 k. de céruse, à...... 75 cent.
11 k. blanc de plomb, à 65
15 k. de potasse, à..... 30
12 k. d'orpin, à........ 10
————————
70 k.
```

On demande combien il doit vendre ce nouveau composé ?

Je multiplie d'abord le nombre de kilogr. de chaque objet par leur prix, afin d'avoir celui de chaque objet en particulier.

Premier article.	*Deuxième article.*
32 kilo. à 75 c.	11 kilo. à 65 c.
160 224	55 66
2400 c.	715 c.
Troisième article.	*Quatrième article.*
15 kilo. à 30 c.	12 kilo. à 10 c.
450 c.	120 c.

Cela fait, j'additionne ensemble ces quatre prix, ce qui me donne le prix total ; ajoutant ensuite le nombre des kilogrammes pour avoir le poids total de la composition, je divise ce prix total par le poids total, ce qui me donne le prix particulier de chaque kilogramme.

1er article 2,400 c.
2e   —   715
3e   —   450
4e   —   120

Total. . 3,685 c.

Ensuite je divise

$$\begin{array}{r|l} 3{,}685 \text{ c.} & 70 \\ \hline 185 & 52\,\text{c. }64\text{ dix-mill. plus }{}^{20}\!/_{70}\,\text{négligé.} \\ 4500 & \\ 300 & \text{prix auquel lui revient} \\ 20 & \text{chaque kilogr.} \end{array}$$

CHAPITRE XII

DES NOUVELLES MESURES

ET DE L'AVANTAGE RÉSULTANT DE LEUR UNIFORMITÉ ET DE LEUR SUBDIVISION EN PARTIES DÉCIMALES.

L'unité est une grandeur arbitraire qu'on prend pour mesurer les quantités de mêmes espèces. Si cette unité avait été la même dans tous les lieux, les anciennes mesures n'auraient eu aucun autre inconvénient que celui résultant de la diversité de leurs divisions; mais elles avaient encore le désavantage, bien qu'elles portassent le même nom, et qu'elles fussent destinées au même usage, d'être bien différentes pour chaque lieu en particulier, de sorte que celui qui achetait des marchandises dans un lieu pour les vendre dans un autre était obligé de les rapporter à une commune mesure, au moyen de tables de comparaison qu'il avait à cet effet. Ainsi, indépendamment des calculs qu'entraînait cette transformation, des tables de rapports qu'elle nécessitait pour soulager, elle exposait encore à commettre des erreurs.

Un inconvénient aussi grave était généralement senti, et on y eût sans doute remédié depuis longtemps sans l'extrême difficulté qu'on éprouve à introduire tout ce qui ne s'accorde point avec nos habitudes. Enfin la Convention nationale décréta qu'on établirait l'uniformité de poids, de mesures, etc., dans toute l'étendue de la république française. Restait à déterminer quelle serait l'unité que l'on adopterait pour chaque espèce de mesure. La difficulté où l'on est quelquefois d'établir le rapport entre les mesures des anciens et les nôtres, et conséquemment d'avoir une idée des grandeurs qu'ils nous ont transmises, fit sentir la nécessité d'adopter pour unité principale une grandeur qu'on pût retenir dans tous les temps. Or, cette grandeur invariable ne pouvait évidemment se trouver que dans la nature ; c'est pourquoi l'on convint d'adopter pour unité de mesure linéaire la dix-millionième partie du quart du méridien de la terre ou la quarante-millionième partie de son contour. On a donné à cette unité principale le nom de mètre, qui signifie mesure. On a rendu les autres invariables comme elle, en les faisant dépendre de celle-ci. Nous verrons ci-après les relations qu'elles ont entre elles.

L'uniformité des mesures étant ainsi établie

d'une manière invariable, il restait encore à
déterminer la manière la plus simple et la
plus commode de subdiviser l'unité principale.
Or, on sait qu'indépendamment de la difficulté résultant de la diversité des mesures,
selon les différents pays, il en existait une
considérable, qui rendait les calculs extrême-
ment difficiles, et qui consistait dans la dif-
formité des divisions que l'on avait adoptées.
En effet, il fallait à chaque instant se rappeler
que la toise était divisée en 6 pieds, le pied
en 12 pouces, le pouce en 12 lignes, la ligne
en 12 points; que l'aune était divisée en de-
mi-aune, quarts, etc. ; que la livre l'était en
16 onces, l'once en 8 gros, le gros en 72
grains, etc. Ce qui fatiguait la mémoire, et
exposait sans cesse à commettre des erreurs,
en tant que ces divisions variaient comme
l'espèce d'unité qu'on avait à calculer. Il était
donc important de fixer le nombre qui indi-
querait en combien de parties chaque unité
principale serait divisée, de manière qu'il fût
le même pour toutes, et qu'il se prêtât le
plus facilement aux calculs. Or, le nombre
10 est, sans contredit, celui qui est le plus
commode dans le système de la numération
qui est généralement adopté. Si l'on avait
adopté 12 caractères différents, pour repré-
senter tous les nombres, et qu'on fût convenu
que tout chiffre placé à la droite d'un autre le
rendrait 12 fois plus fort, c'est le nombre 12

qu'il aurait fallu prendre. Ces divisions de l'unité ont été appelées décimales.

Pour évaluer en décimales toutes les fractions de l'unité, on conçoit que l'unité principale est divisée en 10 parties que l'on appelle dixièmes. On les représente par les mêmes chiffres que les unités, et pour ne point les confondre avec elles, on les place à leur droite, et on les sépare par une virgule. Ainsi, pour marquer trois unités quatre dixièmes, on écrit 3,4. Il faut faire attention de ne point négliger à écrire la virgule, sans quoi on ne pourrait plus distinguer les unités entières des fractions décimales.

Maintenant on peut regarder de même les dixièmes comme des unités composées de dix autres plus petites, et conséquemment cent fois plus petites que l'unité principale, et auxquelles on a donné le nom de centièmes, et qu'on placera par analogie à la droite des dixièmes. Ainsi, pour marquer trois unités, quatre dixièmes et six centièmes, on écrira 3,46.

En continuant de subdiviser de la même manière ces fractions successives, on formera ainsi les millièmes, dix-millièmes, qu'on placera suivant leur grandeur, dans des rangs plus ou moins reculés à la droite de la virgule.

La manière d'énoncer ces espèces de nombres est la même que par les nombres entiers ; il suffit, après avoir lu ceux qui sont à la gauche de la virgule, d'énoncer ceux qui sont à droite, en ajoutant le nom des décimales ou des chiffres. Ainsi pour énoncer 34,526, on dira trente-quatre unités, cinq cent vingt-six millièmes.

En effet, le chiffre 5 marque cinq dixièmes ou cinquante centièmes ou 500 millièmes; le le chiffe 2 marque 2 centièmes ou 20 millièmes ; enfin , le chiffre 6 marque 6 millièmes. Le nombre 34,526 marque donc 34 unités plus 5 dixièmes, plus 2 centièmes, plus 6 millièmes ; ou 34 unités plus cinq cent vingt-six millièmes.

Si l'on n'avait à écrire que des décimales, alors il faudrait mettre un zéro à la place des unités qu'on séparerait par une virgule des quantités décimales. Ainsi, si l'on avait à écrire 34 centièmes, on mettrait 0,34. Enfin s'il n'y avait point de dixièmes , il faudrait mettre à la place du chiffre qui les représente un zéro, afin de donner aux centièmes leur véritable valeur, attendu qu'ils doivent toujours occuper le second rang à droite de la virgule. Ainsi, quatre centièmes s'écrivent par 0,04.

Nous allons examiner maintenant quels sont les changements qui peuvent résulter dans un nombre par le simple déplacement de la virgule.

Nous venons de voir que la grandeur des

décimales dépendait du rang qu'elles occupaient relativement à la virgule. Il suit de là que, si on avance la virgule d'un chiffre vers la droite, on rendra le nombre dix fois plus fort. En effet, les unités deviendront des dizaines, les dizaines des centaines, etc., les dixièmes deviendront des unités, les centièmes des dixièmes, les millièmes des centièmes, et ainsi de suite. Ainsi 345,26 est dix fois plus fort que 34,526. En effet, chaque partie est 10 fois plus forte que dans celui-ci. Par la même raison, le déplacement de la virgule de 2 ou 3 chiffres vers la droite rendra le nombre 100 fois ou mille fois plus grand ; et réciproquement le déplacement de la virgule d'un, de deux ou trois chiffres, rendra le nombre dix fois, ou cent fois plus petit, puisque toutes les parties deviendront 10 fois, ou 100 fois, ou mille fois plus petites. Il suit de là que, pour multiplier un nombre par 10, par 100, etc., il suffit d'avancer la virgule d'un ou de deux chiffres vers la droite ; il faut faire le contraire pour le diviser.

Nous terminerons cet article sur les décimales, en faisant voir qu'on n'en change point la valeur, quel que soit le nombre des zéros qu'on ajoute à la droite. Ainsi. 3,45 est la même chose que 3,450. En effet, 4 dixièmes est la même chose que 40 centièmes ou 400 millièmes ; 5 centièmes est la même chose que 50 millièmes : donc 45 centièmes est égal à 450 millièmes.

Nous allons exposer succinctement la désignation des poids et mesures généralement adoptés, et nous indiquerons les rapports que çes mesures ont avec le mètre, sur lequel elles sont basées.

Désignation des poids et mesures.

Il y a cinq sortes de nouvelles mesures, le mètre, le litre, le gramme, le stère et l'are, qui remplacent les anciennes, comme il suit : le mètre remplace toutes les mesures linéaires ou de longueur, telles que la toise et l'aune.

Le litre remplace toutes les mesures de capacité tant pour les liquides que pour les matières sèches ; il tient lieu de la pinte et du litron. Sa grandeur est celle du décimètre cube.

Le gramme remplace toutes les espèces de poids. Il èst égal au poids d'un centimètre cube d'eau distillée, pesée à la température de la glace fondante.

Le stère remplace les mesures pour le bois de chauffage, c'est le mètre cube.

L'are remplace les mesures agraires, telles que l'arpent, la perche, etc. ; c'est un carré qui a dix mètres de côté et qui contient conséquemment cent mètres carrés.

§ I.

DU MÈTRE.

Le mètre est, comme j'ai dit plus haut, l'étalon général de toutes les mesures, et l'unité principale sur laquelle elles sont basées ; il est composé de la dix-millionième partie du quart du méridien de la terre ; il tient lieu de la toise et de l'aune, il remplace toutes les mesures linéaires ou de longueur.

Le mètre a une infinité de subdivisions, qui toutes décroissent de dix en dix, suivant le système de numération. Le décimètre, le centimètre et le millimètre sont les seuls dont on se sert pour les usages ordinaires de société.

Le décimètre signifie dixième partie du mètre.

Le centimètre exprime la centième partie du mètre.

Le millimètre, sa millième partie.

Les multiples du mètre sont le décamètre, l'hectomètre, le kilomètre et le myriamètre.

Le décamètre contient dix mètres ; il tient lieu de la chaîne d'arpentage.

L'hectomètre contient cent mètres.

Le kilomètre contient mille mètres.

Le myriamètre, dix mille mètres.

§ II.

DU LITRE.

Le litre est l'unité principale de toutes les mesures de capacité ; il sert à mesurer toutes les marchandises liquides ou sèches, telles que le vin, les grains, etc. Il contient un décimètre cube; tel serait un dé à jouer qui aurait un décimètre en tout sens.

Il y a deux sortes de mesures de capacité en usage, qui sont le kilolitre, et le litre.

Le kilolitre sert pour les grands mesurages; il contient mille litres.

Le litre, qui remplace le litron et la pinte, contient une pinte plus un vingtième.

Les subdivisons du litre en usage, sont ; le décilitre et le centilitre. On ne tient point compte des autres, à cause de leur petitesse et du peu de valeur des choses que l'on mesure le plus ordinairement.

Le décilitre, ou dixième partie du litre, remplace le poisson.

Le centilitre, ou centième partie du litre, remplace le petit verre ou mesurette.

Les autres mesures qui dérivent du litre sont l'hectolitre et le décalitre.

L'hectolitre remplace la mine ou le minot; il contient 100 litres.

Le décalitre remplace le boisseau ; il contient dix litres.

§ III.

DES MESURES AGRAIRES.

Les mesures agraires sont celles qui servent à mesurer les terres.

On appelle are la mesure dont on se sert pour cette opération.

L'are est l'unité principale à laquelle on compare toutes les mesures de ce genre. Il contient cent mètres carrés.

Ses subdivisions sont de trois espèces différentes, le déciare, le centiare et le milliare.

Il y a encore d'autres dénominations dans les mesures agraires, qui sont : le myriare, le kilare et l'hectare. Mais, pour éviter la multiplicité de la subdivision, on n'a conservé que l'hectare, qui vaut 100 ares, l'are, qui vaut 100 centiares, et le centiare.

§ IV.

DES MESURES DU BOIS DE CHAUFFAGE.

Pour mesurer le bois de chauffage, on se sert du stère et du double stère,

Le stère contient un peu plus d'une demi-voie ancienne ; on peut en compter deux pour une voie.

Le double stère contient une voie plus un vingt-cinquième.

§ V.

DES POIDS.

Il y a cinq sortes de poids, qui sont : le myriagramme, le kilogramme, l'hectogramme, le décagramme et le gramme.

L'unité de ces poids est le gramme.

Voici le rapport qu'ils ont avec les anciens.

Le myriagramme tient la place du poids de vingt-cinq livres ; il pèse vingt-cinq livres six onces sept gros.

Le kilogramme tient la place de la livre pesante ; son poids est de deux livres cinq gros trente-trois grains.

L'hectogramme tient la place du quarteron ; il pèse trois onces deux gros dix grains et demi.

Enfin le gramme, qui est le plus petit, sert à peser les matières d'or et d'argent ; son poids est un peu plus de dix-huit grains.

Le gramme a trois subdivisions, qui sont : le décigramme, pesant environ 2 grains ; le centigramme, environ un 5e de grain, et le milligramme, un peu moins que le 50ᵉ d'un grain.

§ VI.

DES MONNAIES.

On entend par monnaies des pièces d'or, d'argent et de cuivre dont on se sert pour payer les acquisitions qu'on a faites.

La monnaie se divise en francs, décimes et centimes. Mais de toutes les monnaies anciennes, celle dont la valeur approche le plus du franc est la livre monétaire, qui vaut un franc moins un centime.

L'unité monétaire est le franc.

Les décimes remplacent les pièces de deux sous anciennes; il en faut 10 pour un franc. Les centimes remplacent les deniers anciens; il en faut 5 pour former 1 sou, et cent pour former un franc.

Nous croyons utile de donner à la suite des principales règles de l'arithmétique, d'abord les tableaux d'intérêt depuis 1/2 pour cent jusqu'à 6 pour cent, taux extrême en matière commerciale, au moins quant à présent ; car il est bon de savoir qu'une école d'économistes modernes rompt journellement des lances en faveur de la liberté absolue de l'argent, et ce avec une certaine force de logique qui finira par amener le succès de cette théorie, en faisant disparaître ce qu'on appelle encore l'usure.

Ensuite, nous avons dressé les tableaux des journées d'ouvriers depuis celle de 75 centimes jusqu'à celle de 5 francs.

Un habile professeur de comptabilité commerciale a bien voulu nous donner un exposé court, clair et intelligible des principales opérations de la tenue des livres. Nous avons la certitude que ce ne sera pas la partie la moins consultée de l'ouvrage : l'auteur a pris à tâche de rendre moins pénible l'étude de cet alphabet de la science commerciale, jusqu'ici considéré comme un épouvantail par les commerçants et même par des industriels déjà exercés, mais souvent embarrassés dans la pratique par des théories contradictoires dans lesquelles ils avaient été forcés de puiser, à leurs débuts, au grand détriment de leurs intérêts.

C.

CAPITAL	INTÉRÊT	CAPITAL	INTÉRÊT	CAPITAL	INTÉRÊT	CAPITAL	INTÉRÊT
fr.	c.	fr.	c.	fr.	c.	fr.	fr. c.
1	0	31	15	61	30	91	45
2	1	32	16	62	31	92	46
3	1	33	16	63	31	93	46
4	2	34	17	64	32	94	47
5	2	35	17	65	32	95	47
6	3	36	18	66	33	96	48
7	3	37	18	67	33	97	48
8	4	38	19	68	34	98	49
9	4	39	19	69	34	99	49
10	5	40	20	70	35	100	50
11	5	41	20	71	35	200	1.00
12	6	42	21	72	36	300	1.50
13	6	43	21	73	36	400	2.00
14	7	44	22	74	37	500	2.50
15	7	45	22	75	37	600	3.00
16	8	46	23	76	38	700	3.50
17	8	47	23	77	38	800	4.00
18	9	48	24	78	39	900	4.50
19	9	49	24	79	39	1000	5.00
20	10	50	25	80	40	2000	10.00
21	10	51	25	81	40	3000	15.00
22	11	52	26	82	41	4000	20.00
23	11	53	26	83	41	5000	25.00
24	12	54	27	84	42	6000	30.00
25	12	55	27	85	42	7000	35.00
26	13	56	28	86	43	8000	40.00
27	13	57	28	87	43	9000	45.00
28	14	58	29	88	44	10000	50.00
29	14	59	29	89	44	50000	250.00
30	15	60	30	90	45	100000	500.00

1 p. 0/0

CAPITAL	INTÉRÊT	CAPITAL	INTÉRÊT	CAPITAL	INTÉRÊT	CAPITAL	INTÉRÊT
fr.	c.	fr.	c.	fr.	c.	fr.	fr. c.
1	1	31	31	61	61	91	91
2	2	32	32	62	62	92	92
3	3	33	33	63	63	93	93
4	4	34	34	64	64	94	94
5	5	35	35	65	65	95	95
6	6	36	36	66	66	96	96
7	7	37	37	67	67	97	97
8	8	38	38	68	68	98	98
9	9	39	39	69	69	99	99
10	10	40	40	70	70	100	1.00
11	11	41	41	71	71	200	2.00
12	12	42	42	72	72	300	3.00
13	13	43	43	73	73	400	4.00
14	14	44	44	74	74	500	5.00
15	15	45	45	75	75	600	6.00
16	16	46	46	76	76	700	7.00
17	17	47	47	77	77	800	8.00
18	18	48	48	78	78	900	9.00
19	19	49	49	79	79	1000	10.00
20	20	50	50	80	80	2000	20.00
21	21	51	51	81	81	3000	30.00
22	22	52	52	82	82	4000	40.00
23	23	53	53	83	83	5000	50.00
24	24	54	54	84	84	6000	60.00
25	25	55	55	85	85	7000	70.00
26	26	56	56	86	86	8000	80.00
27	27	57	57	87	87	9000	90.00
28	28	58	58	88	88	10000	100.00
29	29	59	59	89	89	50000	500.00
30	30	60	60	90	90	100000	1000.00

CAPITAL	INTÉRÊT	CAPITAL	INTÉRÊT	CAPITAL	INTÉRÊT	CAPITAL	INTÉRÊT
fr.	c.	fr.	fr. c.	fr.	fr. c.	fr.	fr. c.
1	2	31	62	61	1.22	91	1.82
2	4	32	64	62	1.24	92	1.84
3	6	33	66	63	1.26	93	1.86
4	8	34	68	64	1.28	94	1.88
5	10	35	70	65	1.30	95	1.90
6	12	36	72	66	1.32	96	1.92
7	14	37	74	67	1.34	97	1.94
8	16	38	76	68	1.36	98	1.96
9	18	39	78	69	1.38	99	1.98
10	20	40	80	70	1.40	100	2.00
11	22	41	82	71	1.42	200	4.00
12	24	42	84	72	1.44	300	6.00
13	26	43	86	73	1.46	400	8.00
14	28	44	88	74	1.48	500	10.00
15	30	45	90	75	1.50	600	12.00
16	32	46	92	76	1.52	700	14.00
17	34	47	94	77	1.54	800	16.00
18	36	48	96	78	1.56	900	18.00
19	38	49	98	79	1.58	1000	20.00
20	40	50	1.00	80	1.60	2000	40.00
21	42	51	1.02	81	1.62	3000	60.00
22	44	52	1.04	82	1.64	4000	80.00
23	46	53	1.06	83	1.66	5000	100.00
24	48	54	1.08	84	1.68	6000	120.00
25	50	55	1.10	85	1.70	7000	140.00
26	52	56	1.12	86	1.72	8000	160.00
27	54	57	1.14	87	1.74	9000	180.00
28	56	58	1.16	88	1.76	10000	200.00
29	58	59	1.18	89	1.78	50000	1000.00
30	60	60	1.20	90	1.80	100000	2000.00

CAPITAL	INTÉRÊT	CAPITAL	INTÉRÊT	CAPITAL	INTÉRÊT	CAPITAL	INTÉRÊT
fr.	c.	fr.	fr. c.	fr.	fr. c.	fr.	fr. c.
1	3	31	93	61	1.83	91	2.73
2	6	32	96	62	1.86	92	2.76
3	9	33	99	63	1.89	93	2.79
4	12	34	1.02	64	1.92	94	2.82
5	15	35	1.05	65	1.95	95	2.85
6	18	36	1.08	66	1.98	96	2.88
7	21	37	1.11	67	2.01	97	2.91
8	24	38	1.14	68	2.04	98	2.94
9	27	39	1.17	69	2.07	99	2.97
10	30	40	1.20	70	2.10	100	3.00
11	33	41	1.23	71	2.13	200	6.00
12	36	42	1.26	72	2.16	300	9.00
13	39	43	1.29	73	2.19	400	12.00
14	42	44	1.32	74	2.22	500	15.00
15	45	45	1.35	75	2.25	600	18.00
16	48	46	1.38	76	2.28	700	21.00
17	51	47	1.41	77	2.31	800	24.00
18	54	48	1.44	78	2.34	900	27.00
19	57	49	1.47	79	2.37	1000	30.00
20	60	50	1.50	80	2.40	2000	60.00
21	63	51	1.53	81	2.43	3000	90.00
22	66	52	1.56	82	2.46	4000	120.00
23	69	53	1.59	83	2.49	5000	150.00
24	72	54	1.62	84	2.52	6000	180.00
25	75	55	1.65	85	2.55	7000	210.00
26	78	56	1.68	86	2.58	8000	240.00
27	81	57	1.71	87	2.61	9000	270.00
28	84	58	1.74	88	2.64	10000	300.00
29	87	59	1.77	89	2.67	50000	1500.00
30	90	60	1.80	90	2.70	100000	3000.00

CAPITAL	INTÉRÊT	CAPITAL	INTÉRÊT	CAPITAL	INTÉRÊT	CAPITAL	INTÉRÊT
fr.	fr. c.	fr.	fr. c.	fr.	fr. c.	fr.	fr. c.
1	4	31	1.24	61	2.44	91	3.64
2	8	32	1.28	62	2.48	92	3.68
3	12	33	1.32	63	2.52	93	3.72
4	16	34	1.36	64	2.56	94	3.76
5	20	35	1.40	65	2.60	95	3.80
6	24	36	1.44	66	2.64	96	3.84
7	28	37	1.48	67	2.68	97	3.88
8	32	38	1.52	68	2.72	98	3.92
9	36	39	1.56	69	2.76	99	3.96
10	40	40	1.60	70	2.80	100	4.00
11	44	41	1.64	71	2.84	200	8.00
12	48	42	1.68	72	2.88	300	12.00
13	52	43	1.72	73	2.92	400	16.00
14	56	44	1.76	74	2.96	500	20.00
15	60	45	1.80	75	3.00	600	24.00
16	64	46	1.84	76	3.04	700	28.00
17	68	47	1.88	77	3.08	800	32.00
18	72	48	1.92	78	3.12	900	36.00
19	76	49	1.96	79	3.16	1000	40.00
20	80	50	2.00	80	3.20	2000	80.00
21	84	51	2.04	81	3.24	3000	120.00
22	88	52	2.08	82	3.28	4000	160.00
23	92	53	2.12	83	3.32	5000	200.00
24	96	54	2.16	84	3.36	6000	240.00
25	1.00	55	2.20	85	3.40	7000	280.00
26	1.04	56	2.24	86	3.44	8000	320.00
27	1.08	57	2.28	87	3.48	9000	360.00
28	1.12	58	2.32	88	3.52	10000	400.00
29	1.16	59	2.36	89	3.56	50000	2000.00
30	1.20	60	2.40	90	3.60	100000	4000.00

4 1/2 p. 0/0

CAPITAL	INTÉRÊT	CAPITAL	INTÉRÊT	CAPITAL	INTÉRÊT	CAPITAL	INTÉRÊT
fr.	fr. c.	fr.	fr. c.	fr.	fr. c.	fr.	fr. c.
1	4	31	1.39	61	2.74	91	4.09
2	9	32	1.44	62	2.79	92	4.14
3	13	33	1.48	63	2.83	93	4.18
4	18	34	1.53	64	2.88	94	4.23
5	22	35	1.57	65	2.92	95	4.27
6	27	36	1.62	66	2.97	96	4.32
7	31	37	1.66	67	3.01	97	4.36
8	36	38	1.71	68	3.06	98	4.41
9	40	39	1.75	69	3.10	99	4.45
10	45	40	1.80	70	3.15	100	4.50
11	49	41	1.84	71	3.19	200	9.00
12	54	42	1.89	72	3.24	300	13.50
13	58	43	1.93	73	3.28	400	18.00
14	63	44	1.98	74	3.33	500	22.50
15	67	45	2.02	75	3.37	600	27.00
16	72	46	2.07	76	3.42	700	31.50
17	76	47	2.11	77	3.46	800	36.00
18	81	48	2.16	78	3.51	900	40.50
19	85	49	2.20	79	3.55	1000	45.00
20	90	50	2.25	80	3.60	2000	90.00
21	94	51	2.29	81	3.64	3000	135.00
22	99	52	2.34	82	3.69	4000	180.00
23	1.03	53	2.38	83	3.73	5000	225.00
24	1.08	54	2.43	84	3.78	6000	270.00
25	1.12	55	2.47	85	3.82	7000	315.00
26	1.17	56	2.52	86	3.87	8000	360.00
27	1.21	57	2.56	87	3.91	9000	405.00
28	1.26	58	2.61	88	3.96	10000	450.00
29	1.30	59	2.65	89	4.00	50000	2250.00
30	1.35	60	2.70	90	4.05	100000	4500.00

CAPITAL	INTÉRÊT	CAPITAL	INTÉRÊT	CAPITAL	INTÉRÊT	CAPITAL	INTÉRÊT
fr.	fr. c.	fr.	fr. c.	fr.	fr. c.	fr.	fr. c.
1	5	31	1.55	61	3.05	91	4.55
2	10	32	1.60	62	3.10	92	4.60
3	15	33	1.65	63	3.15	93	4.65
4	20	34	1.70	64	3.20	94	4.70
5	25	35	1.75	65	3.25	95	4.75
6	30	36	1.80	66	3.30	96	4.80
7	35	37	1.85	67	3.35	97	4.85
8	40	38	1.90	68	3.40	98	4.90
9	45	39	1.95	69	3.45	99	4.95
10	50	40	2.00	70	3.50	100	5.00
11	55	41	2.05	71	3.55	200	10.00
12	60	42	2.10	72	3.60	300	15.00
13	65	43	2.15	73	3.65	400	20.00
14	70	44	2.20	74	3.70	500	25.00
15	75	45	2.25	75	3.75	600	30.00
16	80	46	2.30	76	3.80	700	35.00
17	85	47	2.35	77	3.85	800	40.00
18	90	48	2.40	78	3.90	900	45.00
19	95	49	2.45	79	3.95	1000	50.00
20	1.00	50	2.50	80	4.00	2000	100.00
21	1.05	51	2.55	81	4.05	3000	150.00
22	1.10	52	2.60	82	4.10	4000	200.00
23	1.15	53	2.65	83	4.15	5000	250.00
24	1.20	54	2.70	84	4.20	6000	300.00
25	1.25	55	2.75	85	4.25	7000	350.00
26	1.30	56	2.80	86	4.30	8000	400.00
27	1.35	57	2.85	87	4.35	9000	450.00
28	1.40	58	2.90	88	4.40	10000	500.00
29	1.45	59	2.95	89	4.45	50000	2500.00
30	1.50	60	3.00	90	4.50	100000	5000.00

CAPITAL	INTÉRÊT	CAPITAL	INTÉRÊT	CAPITAL	INTÉRÊT	CAPITAL	INTÉRÊT
fr.	fr. c.	fr.	fr. c.	fr.	fr. c.	fr.	fr. c.
1	6	31	1.86	61	3.66	91	5.46
2	12	32	1.92	62	3.72	92	5.52
3	18	33	1.98	63	3.78	93	5.58
4	24	34	2.04	64	3.84	94	5.64
5	30	35	2.10	65	3.90	95	5.70
6	36	36	2.16	66	3.96	96	5.76
7	42	37	2.22	67	4.02	97	5.82
8	48	38	2.28	68	4.08	98	5.88
9	54	39	2.34	69	4.14	99	5.94
10	60	40	2.40	70	4.20	100	6.00
11	66	41	2.46	71	4.26	200	12.00
12	72	42	2.52	72	4.32	300	18.00
13	78	43	2.58	73	4.38	400	24.00
14	84	44	2.64	74	4.44	500	30.00
15	90	45	2.70	75	4.50	600	36.00
16	96	46	2.76	76	4.56	700	42.00
17	1.02	47	2.82	77	4.62	800	48.00
18	1.08	48	2.88	78	4.68	900	54.00
19	1.14	49	2.94	79	4.74	1000	60.00
20	1.20	50	3.00	80	4.80	2000	120.00
21	1.26	51	3.06	81	4.86	3000	180.00
22	1.32	52	3.12	82	4.92	4000	240.00
23	1.38	53	3.18	83	4.98	5000	300.00
24	1.44	54	3.24	84	5.04	6000	360.00
25	1.50	55	3.30	85	5.10	7000	420.00
26	1.56	56	3.36	86	5.16	8000	480.00
27	1.62	57	3.42	87	5.22	9000	540.00
28	1.68	58	3.48	88	5.28	10000	600.00
29	1.74	59	3.54	89	5.34	50000	3000.00
30	1.80	60	3.60	90	5.40	100000	6000.00

Comptes faits du prix des journées d'ouvriers

A 75 C.		A 1 FR.		A 1 FR. 25 C.	
Jours	Sommes à payer	Jours	Sommes à payer	Jours	Sommes à payer
1	0.75	1	1.00	1	1.25
2	1.50	2	2.00	2	2.50
3	2.25	3	3.00	3	3.75
4	3.00	4	4.00	4	5.00
5	3.75	5	5.00	5	6.25
6	4.50	6	6.00	6	7.50
7	5.25	7	7.00	7	8.75
8	6.00	8	8.00	8	10.00
9	6.75	9	9.00	9	11.25
10	7.50	10	10.00	10	12.50
11	8.25	11	11.00	11	13.75
12	9.00	12	12.00	12	15.00
13	9.75	13	13.00	13	16.25
14	10.50	14	14.00	14	17.50
15	11.25	15	15.00	15	18.75
16	12.00	16	16.00	16	20.00
17	12.75	17	17.00	17	21.25
18	13.50	18	18.00	18	22.50
19	14.25	19	19.00	19	23.75
20	15.00	20	20.00	20	25.00
21	15.75	21	21.00	21	26.25
22	16.50	22	22.00	22	27.50
23	17.25	23	23.00	23	28.75
24	18.00	24	24.00	24	30.00
25	18.75	25	25.00	25	31.25
26	19.50	26	26.00	26	32.50
27	19.25	27	27.00	27	33.75
28	20.00	28	28.00	28	35.00
29	20.75	29	29.00	29	36.25
30	22.50	30	30.00	30	37.50

Comptes faits du prix des journées d'ouvriers

A 1 FR. 50 C.		A 1 FR. 75 C.		A 2 FR.	
Jours	Sommes à payer	Jours	Sommes à payer	Jours	Sommes à payer
1	1.50	1	1.75	1	2.00
2	3.00	2	3.50	2	4.00
3	4.50	3	5.25	3	6.00
4	6.00	4	7.00	4	8.00
5	7.50	5	8.75	5	10.00
6	9.00	6	10.50	6	12.00
7	10.50	7	12.25	7	14.00
8	12.00	8	14.00	8	16.00
9	13.50	9	15.75	9	18.00
10	15.00	10	17.50	10	20.00
11	16.50	11	19.25	11	22.00
12	18.00	12	21.00	12	24.00
13	19.50	13	22.75	13	26.00
14	21.00	14	24.50	14	28.00
15	22.50	15	26.25	15	30.00
16	24.00	16	28.00	16	32.00
17	25.50	17	29.75	17	34.00
18	27.00	18	31.50	18	36.00
19	28.50	19	33.25	19	38.00
20	30.00	20	35.00	20	40.00
21	31.50	21	36.75	21	42.00
22	33.00	22	38.50	22	44.00
23	34.50	23	40.25	23	46.00
24	36.00	24	42.00	24	48.00
25	37.50	25	43.75	25	50.00
26	39.00	26	45.50	26	52.00
27	40.50	27	47.25	27	54.00
28	42.50	28	49.00	28	56.00
29	43.50	29	50.75	29	58.00
30	45.00	30	52.50	30	60.00

comptes faits du prix des journées d'ouvriers

A 2 FR. 25 C.		A 2 FR. 50 C.		A 2 FR. 75 C.	
Jours	Sommes à payer	Jours	Sommes à payer	Jours	Sommes à payer
1	2.25	1	2.50	1	2 75
2	4.50	2	5.00	2	5.50
3	6.75	3	7.50	3	8.25
4	9.00	4	10.00	4	11.00
5	11.25	5	12.50	5	13.75
6	13.50	6	15.00	6	16.50
7	15.75	7	17.50	7	19.25
8	18.00	8	20.00	8	22.00
9	20.25	9	22.50	9	24.75
10	22.50	10	25.00	10	27.50
11	24.75	11	27.50	11	30.25
12	27.00	12	30.00	12	33.00
13	29.25	13	32.50	13	35.75
14	31.50	14	35.00	14	38.50
15	33.75	15	37.50	15	41.25
16	36.00	16	40 00	16	44.00
17	38.25	17	42.50	17	46.75
18	40.50	18	45.00	18	49.50
19	42.75	19	47.50	19	52.25
20	45.00	20	50 00	20	55.00
21	47.25	21	52.50	21	57.75
22	49.50	22	55.00	22	60.50
23	51.75	23	57.50	23	63.25
24	54.00	24	60.00	24	66.00
25	56.25	25	62.50	25	68.75
26	58.50	26	65.00	26	71.50
27	60.75	27	67.50	27	74.25
28	63.00	28	70.00	28	77.00
29	65.25	29	72.00	29	79.75
30	67.50	30	75.00	30	82.50

Comptes faits du prix des journées d'ouvriers

A 3 FR.		A 3 FR. 25 C.		A 3 FR. 50 C.	
Jours	Sommes à payer	Jours	Sommes à payer	Jours	Sommes à payer
1	3.00	1	3.25	1	3.50
2	6.00	2	6.50	2	7.00
3	9.00	3	9.75	3	10.50
4	12.00	4	13.00	4	14.00
5	15.00	5	16.25	5	17.50
6	18.00	6	19.50	6	21.00
7	21.00	7	22.75	7	24.50
8	24.00	8	26.00	8	28.00
9	27.00	9	29.25	9	31.50
10	30.00	10	32.50	10	35.00
11	33.00	11	35.75	11	38.50
12	36.00	12	39.00	12	42.00
13	39.00	13	42.25	13	45.50
14	42.00	14	45.50	14	49.00
15	45.00	15	48.75	15	52.50
16	48.00	16	52.00	16	56.00
17	51.00	17	55.25	17	59.50
18	54.00	18	58.50	18	63.00
19	57.00	19	61.75	19	66.50
20	60.00	20	65.00	20	70.00
21	63.00	21	68.25	21	73.50
22	66.00	22	71.50	22	77.00
23	69.00	23	74.75	23	80.50
24	72.00	24	78.00	24	84.00
25	75.00	25	81.25	25	87.50
26	78.00	26	84.50	26	91.00
27	81.00	27	87.75	27	94.50
28	84.00	28	91.00	28	98.00
29	87.00	29	94.25	29	101.50
30	90.00	30	97.50	30	105.00

Comptes faits du prix des journées d'ouvriers

A 3 FR. 75 C.		A 4 FR.		A 4 FR. 25 C.	
Jours	Sommes à payer	Jours	Sommes à payer	Jours	Sommes à payer
1	3.75	1	4.00	1	4.25
2	7.50	2	8.00	2	8.50
3	11.25	3	12.00	3	12.75
4	15.00	4	16.00	4	17.00
5	18.75	5	20.00	5	21.25
6	22.50	6	24.00	6	25.50
7	25.25	7	28.00	7	29.75
8	30.00	8	32.00	8	34.00
9	33.75	9	36.00	9	38.25
10	37.50	10	40.00	10	42.50
11	41.25	11	44.00	11	46.75
12	45.00	12	48.00	12	51.00
13	48.75	13	52.00	13	55.25
14	52.50	14	56.00	14	59.50
15	56.25	15	60.00	15	63.75
16	60.00	16	64.00	16	68.00
17	63.75	17	68.00	17	72.25
18	67.50	18	72.00	18	76.50
19	71.25	19	76.00	19	80.75
20	75.00	20	80.00	20	85.00
21	78.75	21	84.00	21	89.25
22	82.50	22	88.00	22	93.50
23	86.25	23	92.00	23	97.75
24	90.00	24	96.00	24	102.00
25	93.75	25	100.00	25	106.25
26	97.50	26	104.00	26	110.50
27	101.25	27	108.00	27	114.75
28	105.00	28	112.00	28	119.00
29	108.75	29	116.00	29	123.25
30	112.50	30	120.00	30	127.50

Comptes faits du prix des journées d'ouvriers

À 4 FR. 50 C.		À 4 FR. 75 C.		À 5 FR.	
Jours	Sommes à payer	Jours	Sommes à payer	Jours	Sommes à payer
1	4.50	1	4.75	1	5.00
2	9.00	2	9.50	2	10.00
3	13.50	3	14.25	3	15.00
4	18.00	4	19.00	4	20.00
5	22.50	5	23.75	5	25.00
6	27.00	6	28.50	6	30.00
7	31.50	7	33.25	7	35.00
8	36.00	8	38.00	8	40.00
9	40.50	9	42.75	9	45.00
10	45.00	10	47.50	10	50.00
11	49.50	11	52.25	11	55.00
12	54.00	12	57.00	12	60.00
13	58.50	13	61.75	13	65.00
14	63.00	14	66.50	14	70.00
15	67.50	15	71.25	15	75.00
16	72.00	16	76.00	16	80.00
17	76.50	17	80.75	17	85.00
18	81.00	18	85.50	18	90.00
19	85.50	19	90.25	19	95.00
20	90.00	20	95.00	20	100.00
21	94.50	21	99.75	21	105.00
22	99.00	22	104.50	22	110.00
23	103.50	23	109.25	23	115.00
24	108.00	24	114.00	24	120.00
25	112.50	25	118.75	25	125.00
26	117.00	26	123.50	26	130.00
27	121.50	27	128.25	27	135.00
28	126.00	28	133.00	28	140.00
29	130.50	29	137.75	29	145.00
30	135.00	30	142.50	30	150.00

NOTIONS ÉLÉMENTAIRES

DE LA

TENUE DES LIVRES

NOTIONS ÉLÉMENTAIRES

DE LA

TENUE DES LIVRES

On croit généralement que l'étude de la tenue des livres convient seulement aux personnes qui veulent en faire leur profession, ou à celles qui se destinent au commerce. On devrait cependant reconnaître qu'en tout état de fortune, savoir se rendre un compte exact de ses recettes et de ses dépenses, de ses dettes et de ses créances, est, dans la vie, une chose de première nécessité. Si le lecteur veut bien nous suivre jusqu'au bout de ces quelques pages, nous lui promettons qu'il recevra, avec un peu d'attention, des notions dont l'avantage est de pouvoir s'appliquer aussi bien à la comptabilité d'un commerçant et d'un fabricant qu'à celle d'un ménage d'ouvrier, parce qu'en fin de compte les principes et les procédés sont les mêmes pour les uns et pour les autres.

Quel est, en effet, le but de cette modeste science, de cette application de l'arithmétique qu'on nomme la tenue des livres ? C'est de constater, à des intervalles plus ou moins rapprochés, l'augmentation ou la diminution de ce qu'on possède. C'est également de pouvoir établir, à quelque moment que ce soit, le chiffre de ce que vous devez et de ce qui vous est dû. On y trouve aussi les moyens de mesurer si la dépense n'est pas en disproportion avec la recette, si les prix de vente, quand il y a vente, sont supérieurs au prix d'achat ou au prix de fabrication. La tenue des livres, en un mot, fournit tous les renseignements nécessaires à la bonne gestion financière d'un ménage, d'un commerce ou d'une industrie.

L'opération à l'aide de laquelle on établit sa situation se nomme l'*inventaire*. Toute ouverture de comptabilité commence par là, et toute liquidation, ou terminaison d'affaires, par suite de décès, retraite, ou non-réussite, finit de même par un inventaire. Dans l'intervalle, on fait la même opération une ou deux fois chaque année, ce qui permet de voir si la gestion a été intelligente et heureuse, et de reconnaître à temps les causes de perte qui pourraient miner l'édifice.

Qu'on exploite une industrie, qu'on fasse un commerce, qu'on vive de ses rentes ou du travail de ses bras, on a besoin de tenir des notes : il n'y a pas d'économie, d'ordre, de chance de faire honneur à ses affaires, si l'on n'exerce pas un rigoureux et permanent contrôle sur tous les mouvements de va-et-vient de ses écus. Donc, dès les premiers jours où l'on commence une entreprise, où l'on entre en ménage, on doit débuter par dresser un inventaire de son *capital*, c'est-à-dire de ce qu'on possède. On inscrit d'un côté l'*actif*, qui se compose, selon la position et la fortune, des propriétés immobilières, de l'argent et des valeurs en caisse, du mobilier, du linge, de l'argenterie, et enfin des *dettes actives* ou *créances*, c'est-à-dire des sommes qu'on peut avoir à recouvrer dans un temps plus ou moins éloigné (1). Quand l'actif est totalisé, on inscrit le *passif*, autrement dit ses *dettes passives*, ce que l'on doit payer à quelque titre et à quelque époque que ce soit ; billets en circulation, achats non encore soldés, etc., etc. On totalise le passif, puis on le soustrait du chiffre donné par l'actif, et la différence donne le chiffre exact du *capital* possédé.

L'exemple suivant fera mieux comprendre ce que doit être l'inventaire qui précède l'ouverture des livres.

(1) On doit faire figurer à l'actif même les choses qui, achetées, ne seraient pas encore payées, parce que la dette contractée pour cet objet devant être portée au passif, les chiffres se compenseront.

*Premier inventaire de la maison Guillaume,
dressé le 1er juillet 1865.*

ACTIF.

	fr.	c.		
Un terrain au village Le Vallois, ayant coûté 4720 fr.......	4720	»		
Trois obligations du chemin de fer de... au taux actuel de 290 fr. l'une.......	870	»		
Espèces en caisse à ce jour...............	614	70		
Un billet de Jérôme, à mon ordre, échéance du 14 août prochain.	250	»		
Mobilier, linge et argenterie, estimés ensemble à..........	962	»		
Total de l'actif...	7416	70	7416	70

PASSIF.

	fr.	c.		
Redû à Bernard, sur le prix de mon terrain.	1000	»		
Mon billet en circulation, ordre Victor, payable au 15 septembre prochain....	118	25		
Total du passif...	1118	25	1118	25
Différence, ou CAPITAL au 1er juillet 1865..............			6298	45

Il résulte clairement de ce premier inventaire que la fortune nette de Guillaume s'élève alors à environ 6298 fr. 45 c. ; nous disons *environ*, parce qu'elle se compose de valeurs pouvant subir d'un jour à l'autre une dépréciation, à l'exception de la somme en caisse. Le cours des obligations peut baisser, ainsi que la valeur du terrain ; Jérôme peut tomber en faillite; le mobilier, enfin, peut difficilement être estimé à son prix réel. Il n'y a d'inventaire rigoureusement chiffré que celui qui clôt les livres pour cause de faillite, retraite ou décès.

Ce premier inventaire, nous donnant, comme on le voit, le point de départ de la situation financière de Guillaume, il sera facile, en le renouvelant chaque année dans la même forme, d'assister à son accroissement ou de constater sa diminution. Si la différence entre l'actif et le passif, au second inventaire, offre un chiffre supérieur à 6,298 fr. 45 c., c'est que le capital, ou la fortune de Guillaume, se sera augmentée d'autant.

Dès maintenant le lecteur connaît le but principal et le mécanisme général de la tenue des livres ; mais si les inventaires en sont le pivot, il n'est pas moins nécessaire d'en préparer les éléments exacts, et cela ne peut se faire qu'en consignant par écrit, avec la plus grande exactitude, tous les incidents journaliers qui influent sur les mouvements du capital : les recettes, les dépenses, les achats (ou les frais de fabrication) et les ventes. Un premier livre doit être créé pour cela : on le nomme *Journal*.

Le nom de ce livre en indique la nature. Reçoit-on une somme ou un billet à ordre? Fait-on un payement en espèces où un règlement par billet, opère-t-on un achat à crédit, ou fait-on une vente à crédit (à terme)? De quelque nature que soient ces opérations, elles doivent être consignées sur le *Journal* au fur et à mesure qu'elles se produisent. Et, pour éviter que cette sorte de procès-verbal entraîne de longues explications, on a adopté une méthode, une sorte de langage simplificateur qui, au premier abord un peu effrayant, ne tarde pas à être compris et adopté comme répondant le mieux à son objet.

Quiconque a jeté les yeux sur le *Journal* d'un négociant y a trouvé des formules étranges, et il en a conclu que la tenue des livres devait être une science hérissée de difficultés. Et, cependant, nous le répétons, si l'on veut nous lire avec soin et attention, tout cet hébreu du *doit* et *avoir* va devenir du français très compréhensible. Mais il faut pour cela que nous disions ce qu'est le *Grand-Livre*, suite obligée du *Journal*.

Toute personne qui a eu besoin de prendre des notes pour ses affaires d'intérêt avec autrui a généralement inventé quelque carnet ressemblant au grand-livre. Au haut de deux pages en regard se trouvent le nom et l'adresse de celui qui doit ou à qui l'on doit ; une des pages reçoit l'indication successive des sommes dues, l'autre mentionne les payements faits. Ces écritures sont accompagnées de dates et de renseignements sommaires. Le grand-livre ne procède pas autrement ; mais il ne se borne pas à contenir des *comptes personnels*, comme ceux dont nous venons de parler : outre les pages consacrées à Jacques, Pierre et Paul, il y en a d'autres, destinées aux *comptes généraux*, et qui représentent les différentes divisions du capital, sous les noms d'*immeubles*, de *mobilier*, de *caisse*, de *portefeuille* (ou *effets à recevoir*) d'*effets à payer*, de *marchandises*, de *salaires* (ou *frais de fabrication*), etc., etc. Il s'ensuit que tout *article passé* (opération inscrite) au Journal est toujours reportée en double au Grand-Livre, c'est-à-dire qu'elle figure à deux comptes différents.

La clef de la science du teneur de livres est donc dans la détermination précise des deux comptes qui doivent recevoir chacun une copie de l'article passé au Journal. Si, par exemple, il est nécessaire d'enregistrer ceci : *Le 20 juillet 1865, Pierre a versé à Guillaume 100 fr. qu'il lui devait*, le teneur de livres, sachant que ce versement de 100 fr. doit être mentionné au Grand-Livre et figurer à deux comptes, le passèra (l'inscrira) ainsi au Journal :

— 20 juillet 1865. —

Caisse à Pierre.

Son versement espèces........ 100 fr.

Ce qui le dispense d'écrire : Aujourd'hui, 20 juillet 1865, Pierre ayant versé à la caisse 100 francs qu'il devait, il faut porter ces 100 francs d'abord au *Crédit* du compte de PIERRE, puis au *Débit* du compte de CAISSE.

Pour bien comprendre la valeur de ces mots : *Débit et Crédit*, il suffit, pour le moment, de savoir qu'ils correspondent aux mots *Doit et Avoir*, toujours inscrits à droite et à gauche des comptes du Grand-Livre, comme dans les modèles ci-contre, qui représentent l'article en question *passé* aux deux comptes du Grand-Livre, au *Débit* (Doit) de CAISSE, et au *Crédit* (Avoir) de PIERRE.

Doit			CAISSE				Avoir
1865	Juillet.	20	A Pierre, s/ v^t espèces.	100			

Doit			PIERRE				Avoir
				1865	Juillet.	20	Par Caisse, s/ v^t espèces.	100

Le lecteur connaît maintenant du Grand-Livre tout ce qu'il faut pour se rendre compte des termes à employer dans l'inscription des articles au Journal. Il ne nous reste qu'à faire passer sous ses yeux la plupart des exemples que peuvent offrir les différentes opérations financières de l'administration d'un ménage, d'un commerce ou d'une industrie.

Prenons d'abord l'ouvrier dans son ménage : sa comptabilité, comme toute autre, doit débuter par l'inventaire de son actif et de son passif, d'où résulte le chiffre net de son capital de début. Cet inventaire doit ouvrir le Journal, et chacun des comptes généraux que renferment les chapitres de l'inventaire, doivent être créés au Grand-Livre, où l'on donnera à chacun une page, comme s'il s'agissait de comptes ouverts à un tiers.

L'actif doit s'inscrire au Journal dans les termes suivants, en supposant pour base les renseignements donnés page 160, pour l'inventaire de la maison Guillaume.

Capital à Divers.

A Immeubles, mon ter-
rain du village Le fr. c.
Vallois............ 4720 »
A Valeurs de Bourse,
trois obligations du
chemin de........ 870 »
A Caisse, espèces..... 614 70
A Effets à recevoir, un
billet Jérôme, au 14
août 1865.......... 250 »
A Mobilier, sa valeur
actuelle........... 962 » 7416 70

Le passif, à son tour, sera inscrit selon la
formule suivante :

Divers à Capital.

Bernard, sa créance fr. c.
sur mon terrain..... 1000 »
Effets à payer, mon bil-
let, ordre Victor, au
15 septembre 1865.. 118 25 1118 25

Le point de départ étant ainsi établi par les
écritures du journal, il ne s'agit plus que d'y

inscrire dorénavant tout ce qui se présentera. Vienne le jour de la paye, soit le 31 juillet, par exemple, et le montant de cette paye s'élevant à 128 fr. 40 c.; l'ouvrier, avant de rien écrire, se posera d'abord cette question : Quels sont les deux comptes qui doivent être, l'un *débité*, l'autre *crédité* de cette somme de 128 fr. 40 c. En raisonnant un peu, il trouve d'abord le nom des deux comptes. L'un s'appellera *Salaires*, et l'autre *Caisse*; puisque la somme, au moins provisoirement, va être versée dans la caisse, et qu'elle provient de salaires dus à l'ouvrier. Mais il est plus difficile de reconnaître quel est celui des deux comptes dans lequel, au Grand-Livre, la somme devra figurer à gauche, du côté du mot *doit*, c'est-à-dire au débit. Pour y arriver, il faut savoir d'abord que dans toutes ces opérations de comptes, il y en a un qui *reçoit*, et l'autre qui *donne*. Celui qui reçoit doit être *débité*, et son nom figure en premier dans la formule; celui qui donne doit être *crédité*, et il n'est nommé qu'en second. Ainsi, dans le cas présent, c'est *Caisse* qui reçoit, c'est *Salaires* qui donne. On écrira donc au Journal :

31 juillet 1865.

Caisse à Salaires.

Le montant de ma paye, reçu ce jour, 128 f. 40.

Expliquons maintenant comment les divers articles que nous venons de passer au *Journal* vont s'inscrire au *Grand-Livre*. De ce Grand-Livre, nous allons consacrer une page au compte CAPITAL, une au compte IMMEUBLES, une à VALEURS DE BOURSE, une à CAISSE, une à EFFETS A RECEVOIR, une à MOBILIER, une à BERNARD, une à EFFETS A PAYER, et enfin une à SALAIRES. Ces pages seront numérotées, et pour les retrouver plus facilement, nous reporterons ces folios sur un petit carnet où les noms des comptes seront classés dans l'ordre alphabétique. Chaque fois que nous aurons un nouveau compte à ouvrir, nous ajouterons à ce petit carnet, qu'on nomme *Répertoire*, le nom du compte nouveau, à la place que lui donne sa première lettre, et nous mettrons en regard le folio de la page qui lui est consacrée au Grand-Livre.

Si on se rappelle bien, maintenant, ce qui est dit plus haut, à savoir, que tout compte nommé le premier est celui qui doit être *débité*, on verra que dans l'article Capital à Divers, c'est Capital qui doit être débité, pendant que les cinq autres comptes doivent être crédités. En d'autres termes, nous ouvrirons le Grand-Livre à la page consacrée au compte Capital, et à gauche, dans la partie où on lit le mot *Doit*, nous inscrirons :

1865 | juillet | 1er | à Divers, mon actif | 7416 fr. 70 c.

Ét pendant que nous tenons ouverte la page du compte Capital, rien ne nous empêche de porter, à son crédit, cette fois, c'est-à-dire à la partie droite où se lit le mot *Avoir*, l'article Divers à Capital, puisqu'ici Capital étant le second nommé, doit être crédité. Nous écrirons donc :

1865 | juillet | 1ᵉʳ | par Divers, mon passif | 1118 f.25

Successivement, nous porterons de la même manière : 4,720 fr. au crédit d'Immeubles, en les faisant précéder des mots : *Par Capital*, puis, 870 fr. au crédit de Valeurs de Bourse, 614 fr. 70 au crédit de Caisse, 250 fr. au crédit d'Effets à recevoir, 962 fr. au crédit de Mobilier, c'est-à-dire à la partie droite de tous ces comptes, et toujours précédés de la formule : Par Capital.

Arrivant au second article, c'est au débit de Bernard que nous porterons 1,000 fr., et au débit d'Effets à payer que nous inscrirons 118 fr. 25 c., en faisant précéder de ces mots *à capital.*

Car toute inscription au débit (à gauche) doit être précédée de la préposition *à*, et toute inscription au crédit (à droite), du mot *par*.

Il nous reste encore à reporter au Grand-Livre l'article du Journal du 31 juillet : Caisse à Salaires. Caisse, premier compte nommé, doit être débité, Salaires, second compte nommé, doit être crédité. Nous portons donc 128 fr. 40 c. à gauche de Caisse, précédé de la date, et des mots : à Salaires. Puis nous portons la même somme de 128 fr. 40 c. à droite de Salaire, précédé de la date, et des mots : par Caisse.

A ce point de notre exposition, nous conseillons au lecteur de ne plus nous suivre que le crayon à la main, et d'inscrire sur des cahiers transformés en Journal et en Grand-Livre, tous les exemples que nous venons de donner, ainsi que les suivants :

L'ouvrier donne à sa femme 90 fr. pour les dépenses de nourriture du mois. Quels sont les deux comptes à créditer et à débiter ? La Caisse, qui donne ; le compte de Nourriture, qui reçoit. Le compte qui reçoit doit figurer le premier, nous l'avons dit, et, par conséquent, être débité. Nous écrivons donc au Journal :

1er août 1865.

Nourriture à Caisse.

Pour la dépense du mois.   90 fr.

Puis nous portons 90 fr. au débit (à gauche) du compte nouveau *Nourriture* ; nous l'inscrivons au répertoire à la lettre N, avec son folio de renvoi. Puis nous portons 90 fr. au débit (à droite) du compte de Caisse. En examinant ce dernier compte au Grand-Livre, nous nous apercevons déjà que, par le mécanisme de ses inscriptions, toutes les sommes entrées vont figurer à gauche, et toutes les sommes sorties à droite. De sorte qu'à un moment donné, il nous suffira d'additionner les entrées et les sorties, et de soustraire la différence, pour savoir sur-le-champ ce qui reste en caisse. Nous retrouverons plus tard les mêmes avantages dans les comptes d'Effets à payer et d'Effets à recevoir, dont la *balance*, c'est-à-dire la différence entre le débit et le crédit, nous dira toujours ce qui nous reste d'effets en portefeuille, ou ce que nous devons à notre signature (billets à payer en circulation).

Revenons à nos exemples. Le tailleur apporte des habits pour l'ouvrier; sa facture s'élève à 62 fr., mais il n'en demande pas le payement de suite ni à terme fixe : il attendra la commodité de son débiteur. Où sont nos deux comptes et quel est celui qui reçoit? C'est le tailleur qui donne, c'est le compte Habillement qui reçoit. Le tailleur se nomme Hubert. Donc nous écrivons, après la date (1) :

Habillement à Hubert.

Sa facture d'habits............ 62 fr.

(1) Nous ne parlerons plus de la date dans nos exemples: une fois pour toutes, elle est d'obligation en tête de chaque article du journal, et elle doit toujours être répétée au Grand-Livre.

Puis ouvrir ces deux comptes nouveaux, les inscrire au Répertoire ; ensuite, débiter Habillement et créditer Hubert.

L'opération sera la même chaque fois qu'il s'agira d'un fournisseur livrant à crédit. Si c'est un boulanger ou un boucher, on débitera le compte Nourriture, et on créditera le nom du marchand.

Sur les livres d'un commerçant, qui achète pour revendre et non pas pour consommer, le compte change de nom ; mais c'est tout : les règles de l'inscription restent absolument les mêmes. Si c'est un marchand de vins, le compte spécial s'appellera *Vins*. Si son commerce embrasse plusieurs natures de marchandises, on se servira des mots *Marchandises générales*, et on portera à ce compte tous les achats et toutes les ventes. Règle générale : on doit ouvrir autant de comptes qu'on le croit utile, et le nom n'y fait rien, pourvu qu'il donne clairement l'idée des chapitres spéciaux sur lesquels on veut avoir constamment et rapidement des renseignements sous la main.

Voici comment on inscrit au Journal les opérations les plus ordinaires de la vie commerciale et industrielle.

Un achat au comptant : Marchandises générales à Caisse.

Puis, au Grand-Livre, on débite le premier de ces comptes et on crédite le second, comme nous l'avons déjà dit, en portant la somme entière à chacun des comptes.

Une vente au comptant: Caisse à Marchandises générales. — C'est la caisse qui a reçu le prix de la vente : elle doit donc figurer en premier et être *débitée*. C'est le compte de Marchandises qui donne : il doit être inscrit le second, et être *crédité*.

Un achat à terme (à crédit), qu'on ne doit payer qu'à un certain moment non déterminé à l'avance, doit s'inscrire aux deux comptes : Marchandises générales d'abord, et en second lieu à celui qu'on ouvre au nom du vendeur. Soit Nicolas le vendeur, on écrira :

Marchandises générales à Nicolas. Puis, le jour venu de payer Nicolas, en espèces, on inscrira :

Nicolas à Caisse.

Il en résultera que le compte personnel de Nicolas, au grand livre, après avoir été crédité en premier lieu de la somme de l'achat, sera débité plus tard de la somme de paiement; ce qui, donnant un chiffre égal au *doit* et à l'*avoir*, BALANCERA (*terminera*) ce compte.

Une vente à terme s'inscrit de la même manière, en retournant les termes. C'est le compte de marchandises qui donne, et c'est l'acheteur qui reçoit. Si cet acheteur se nomme Frédéric, on inscrira :

Frédéric à Marchandises générales.

Et quand Frédéric paiera, on écrira :

Caisse à Frédéric.

Si Frédéric acquittait son compte en plusieurs valeurs, comme par exemple avec de l'argent, un billet de lui, un billet d'autrui à son ordre, et s'il rendait en outre des marchandises, on inscrirait ces divers comptes sous la rubrique suivante :

Divers (ou suivants à Frédéric.
Caisse, espèces.
Effets à recevoir, s/b^{ts} (suit le détail).
Marchandises générales, celles par lui rendues.

Un achat qu'on règle par un billet de soi, à échéance fixe, s'inscrit : Marchandises à Effets à payer, parce que marchandises a reçu et que effets à payer a donné (1)..

(1) Tout billet à payer doit en outre être enregistré, au moment même de sa création, sur un petit carnet spécial, avec la date précise de son échéance.

Un achat pour lequel on donne en payement un billet qu'on a soi-même reçu d'autrui, et qu'on garantit par un endos, s'inscrit : Marchandises à Effets à recevoir (1).

Un billet qu'on touche doit s'inscrire : Caisse à Effets à recevoir.

Un billet qu'on paie s'inscrit : Effets à payer à Caisse.

Un billet qu'on renouvelle pour pareille somme, s'inscrit : Effets à payer à Effets à payer, par la même raison qu'un échange de marchandises pour une même somme s'inscrira : Marchandises à Marchandises.

Un billet à recevoir, dont on accepte le renouvellement sans changement de somme, doit s'inscrire ainsi :

Effets à recevoir à Effets à recevoir.

Une vente pour laquelle on reçoit un billet de son acheteur s'écrira : Effets à recevoir à Marchandises.

Son loyer qu'on paie, ses contributions

(1) Tout billet qu'on reçoit doit être enregistré sur un carnet dit des effets à recevoir, et mention doit y être faite de sa sortie, soit au jour de l'échéance, soit avant, si on le donne en payement à quelqu'un

qu'on acquitte, s'intituleront : Frais généraux à Caisse, à moins qu'on ne croie utile
d'ouvrir un compte spécial à Loyers, un autre
à Contributions, etc.

Dans tous ces exemples, le lecteur a pu
appliquer la règle qui sert de base à toute
inscription d'article. Il a dû se poser, en face
de chacun d'eux, ces questions : Quels sont
les deux comptes? Lequel a reçu ? Lequel a
donné? Et quand il n'a pas bien vu clairement quel compte a reçu, il a eu la ressource
de rechercher et de reconnaître celui qui a
donné. Puis, se rappelant cette autre règle
que le compte qui reçoit est le premier à
inscrire et doit être *débité* au Grand-Livre, il
en tire la conséquence que le second doit être
crédité. Il a donc, comme on dit, *passé* l'article au Journal et reporté aux deux comptes du
Grand-Livre. L'important est de ne pas se
tromper de côté quand il s'agit de débiter ou
de créditer ; mais si l'on veut bien se rendre
compte de l'ordre dans lequel sont inscrits
les articles au Journal, il sera très facile d'é-
viter cet écueil. En effet, le débit est toujours
à gauche, le crédit à droite, et dans le journal le compte à débiter se trouve précisément à gauche, et le compte à créditer à
droite. Le côté (droit ou gauche) est donc indiqué par le Journal lui-même.

Il arrive souvent qu'on a plusieurs articles

à passer au Journal, et qu'on attend, pour les reporter au Grand-Livre, qu'ils soient tous inscrits. On prend alors, dans le petit répertoire dont nous avons parlé page 169, les folios du Grand-Livre où sont établis les divers comptes, et on les inscrit dans la marge gauche du Journal, afin de trouver de suite la page où doit se faire le report. Si, par exemple, le compte de Caisse a été ouvert à la page 8 du Grand-Livre, et celui de Marchandises générales à la page 12, ces deux folios seront ainsi posés au journal :

8 12   Caisse à Marchandises générales.

Il arrive encore que pour éviter des longueurs, ou pour plus de clarté, on réunit plusieurs comptes en face d'un seul, comme par exemple dans le cas suivant.

Un négociant m'a vendu pour 834 fr. de marchandises. Je les lui ai payés de la manière suivante : 300 fr. espèces ; un billet de Jérôme de 250 fr. à l'échéance du 14 août ; un billet de moi au 15 septembre, de 280 fr., et j'ai exigé le rabais des 4 fr. restant. Il y a donc ici un compte qui reçoit, c'est celui de Marchandises, mais il y en a quatre qui donnent : Caisse, pour 300 fr. ; Effets à recevoir, pour 250 fr ; Effets à payer pour 280 fr. et enfin le compte de Rabais (ou Pertes et Profits) pour les 4 fr. J'aurais donc quatre articles à passer, quatre dates à répéter, quatre explications de la même opération à donner. J'évite ces longueurs en inscrivant cet article comme le lecteur l'a déjà vu à propos du premier inventaire (page 167.)

25 juillet 1865.

Marchandises générales à Divers (*ou* aux suivants).

A Caisse, espèces................ 300
A Effets à recevoir, un b^t Jérôme à m/o, au 14 août. 250
A Effets à payer. m/b^t o/Hubert, au 15 septembre....:.......... 280
A Rabais, pour solde de la f^{re} d'Hubert de ce jour................ 4
                                    ———
                                    834   834

Je débite le compte de Marchandises générales du total de l'article : 834 fr. Puis successivement, je crédite Caisse de 300 », Effets à recevoir, de 250 », Effets à payer, de 280 » et Rabais, de 4 fr. »

Il n'y a plus qu'à continuer fidèlement ainsi l'enregistrement des articles au Journal et leur report au Grand-Livre, jusqu'au moment du second inventaire, qui peut se faire tous les six mois, si on le juge nécessaire, mais que généralement on ne dresse qu'une fois par an. On comprend que nous ne pouvons donner ici les exercices ordinaires auxquels fera bien de se livrer tout apprenti comptable, et qui consistent à suivre les opérations fictives d'un négociant imaginaire, c'est-à-dire de passer, de la théorie que nous venons d'exposer, à la pratique répétée. Les personnes qui voudront être aidées dans ces exercices trouveront dans le *Guide-Manuel de la tenue des livres de commerce*, par M. H. Leneveux, de l'Association philotechnique (1), les renseignements les plus complets, les détails les plus minutieux de la science du comptable.

Voyons maintenant les avantages que procurent des livres bien tenus. S'il s'agit d'une comptabilité de ménage, on peut se rendre raison en un instant, en consultant les divers comptes généraux qu'on a ouverts à la nourriture, à l'habillement, à l'éducation des enfants, à l'épargne, aux secours mutuels, aux distractions mêmes, de la situation générale, et de voir par où elle pèche. Combien d'hommes ont acquis l'esprit d'ordre et d'économie rien qu'en tenant note exacte et raisonnée de leurs dépenses et de leurs recettes ? Et, d'un

(1) Paris, Passard, libraire, 7, rue des Grands-Augustins. Prix : 1 fr. 50 centimes.

autre côté, combien d'entreprises naissantes ont été ruinées, faute de savoir calculer ce qu'il fallait ajouter au prix de vente ou au prix de fabrication pour couvrir leurs frais généraux, leurs pertes probables, et cependant soutenir la concurrence en conservant un bénéfice. Les comptes généraux du Grand-Livre sont de précieuses sources de renseignements pour cela. Celui de Marchandises générales, par exemple, peut, en quelques heures, lors de l'inventaire, dire à celui qui le tient la somme exacte de ses bénéfices bruts.

En effet, au débit de ce compte viennent s'aligner successivement toutes les sommes dépensées en achats de marchandises. En les additionnant, on obtient la quantité entrée, ou plutôt le chiffre de ce qu'elles ont coûté. De l'autre côté de la page, au crédit, on trouve la somme des marchandises sorties, et si l'on y ajoute la valeur des marchandises restées en magasin, valeur qu'on obtient en les inventoriant et en les calculant au cours d'achat du jour, on a deux totaux dont la différence, tout naturellement, exprime le bénéfice *brut*, c'est-à-dire ce qu'on a gagné à vendre, frais à part. La somme des entrées (débit), est toujours inférieure à celles des sorties et des marchandises emmagasinées, cela se conçoit, puisqu'on vend 100 ce qui a coûté 80 ou 90, sauf de rares exceptions.

Mais le bénéfice brut, quel qu'il soit, n'est pas toujours un indice de bonne situation : il faut, pour bien apprécier celle-ci, connaître son bénéfice net, et rien n'est plus facile : un autre compte, celui de frais généraux, va nous en donner le moyen. Ce compte n'a ordinairement qu'un débit, c'est-à-dire qu'à sa gauche viennent s'inscrire toutes les dépenses relatives au commerce qu'on exerce : loyers, réparations, patente, assurances, appointements de commis, entretien de chevaux, voitures, enfin tout ce qui vient, par le fait, ajouter aux prix des marchandises. L'addition des frais généraux, soustraite du chiffre du bénéfice brut, laisse pour produit le bénéfice net. Quelquefois, et telle est l'utilité principale des inventaires, on reconnaît que le profit brut est absorbé et au delà par les frais généraux. Il n'y a que deux moyens de remédier à cette situation : diminuer les frais généraux, ou augmenter ses prix de vente. Et sans livres, ou avec des livres mal tenus, un commerçant peut marcher à sa ruine d'année en année sans presque s'en douter. Car ce n'est pas tout que d'obtenir un bénéfice net, il faut encore, sur ce bénéfice net, couvrir toutes ses dépenses personnelles et de famille, auxquelles un compte doit être ouvert à part, et qui ne doivent jamais être confondues avec les frais généraux. C'est l'inventaire, l'inventaire seul qui donne le chiffre du vrai bénéfice, du bénéfice épargné, ajouté au capital.

Le mot *inventaire* indique deux opérations différentes, qui cependant finissent par se fondre l'une dans l'autre : il y a l'inventaire des marchandises, autrement dit, leur récolement : on les pèse, on les mesure, on les estime au cours d'achat du jour de l'inventaire, et on en totalise la valeur. L'autre inventaire est entièrement du domaine des écritures ; tous les comptes, sans exception, personnels et généraux, sont additionnés par débit et crédit. Le total général du débit de tous les comptes doit donner exactement le total de l'addition des articles du journal, et le total général des crédits doit fournir une seconde fois le même chiffre. Cette concordance donne la preuve que rien n'a été omis ou mal passé.

Une fois ces comptes reconnus exacts, on en fait le relevé par *balances* : on porte à l'inventaire nouveau, sous le nom d'actif, tous les comptes personnels dont le débit l'emporte sur le crédit, et la somme différentielle se nomme balance, parce qu'ajoutée au crédit, elle donne une addition semblable à celle du débit. Toutes ces différences représentent les créances recouvrables, et forment par conséquent une partie de l'actif. On y ajoute tout ce qui naturellement fait partie de cet actif dans les comptes généraux, c'est-à-dire les sommes balançant les comptes de Caisse, d'Effets à recevoir, d'Immeubles, de Valeurs de bourse, de Mobilier, etc., etc. Puis on clôt l'actif en y faisant figurer la somme obtenue par l'inventaire des marchandises en magasin.

Le passif, à son tour, s'obtient par la balance des comptes personnels dans lesquels le crédit l'emporte sur le débit ; on y ajoute la différence ou balance du compte des effets à payer, ce qui résume tout ce que le négociant ou commerçant doit à diverses personnes, et ce qu'il a de papier en circulation. On doit s'assurer, avant tout arrêté d'inventaire : 1º que les espèces en caisse offrent bien le même chiffre que la balance du compte de Caisse ; 2º que la balance du compte d'Effets à recevoir est bien conforme aux billets que l'on a à toucher en portefeuille ; 3º que les effets à payer s'élèvent bien à la somme constatée par la balance de ce compte au Grand-Livre.

Alors on établit son inventaire comme on l'a déjà fait primitivement, c'est-à-dire qu'on relève tout ce qu'on possède en immeubles, en obligations, en espèces, en mobilier, en sommes dues par diverses personnes ; le tout forme le nouvel actif. Puis on inscrit son passif, c'est-à-dire tout ce qu'on doit, soit à diverses personnes, soit à sa signature en circulation, et finalement on soustrait le passif de l'actif, pour obtenir le chiffre de son capital nouveau.

Et, comme nous l'avons dit en commençant, si le capital nouveau était inférieur au capital du premier inventaire, il y aurait sérieusement lieu de rechercher les causes de cette situation anormale, afin d'y remédier.

Puis on recommencera la tenue du Journal et les reports au Grand-Livre, pour l'exercice suivant, selon les principes qui viennent d'être exposés dans ces courtes pages.

———

Nous pouvons à présent dire à nos lecteurs, sans trop risquer de les effrayer, qu'ils ont eu sous les yeux les éléments théoriques de la tenue des livres *en partie double*. Si nous avons préféré leur donner ces notions plutôt que celles de la *partie simple*, c'est qu'elles sont de beaucoup préférables. Dans la *partie simple*, en effet il n'y a que des comptes personnels ; on se borne à écrire au journal :

Doit un tel, pour ce que je lui ai vendu.

Avoir un tel, pour ce qu'il m'a versé.

Avoir un tel, pour ce qu'il m'a vendu.

Doit un tel, pour ce que je lui ai payé.

Puis on reporte au Grand-Livre, au *doit* ou à l'*avoir*, une seule fois l'article, et non pas deux fois, comme, dans la partie double.

Il en résulte que les renseignements précieux de statistique fournis par les comptes généraux sont totalement absents de la tenue des livres en partie simple, et que le fabricant ou le commerçant, désireux de savoir à quoi s'en tenir sur la gestion de leurs affaires, sont alors obligés de faire des recherches très longues et très minutieuses, qui leur auraient été évitées par un usage intelligent de la partie double.

Nous n'élevons pas la prétention d'être compris de tout le monde, dans le court exposé que nous venons de faire. Chaque parcelle de savoir, si modeste soit-elle, doit être le prix de certains efforts. Mais quand on songe que la comptabilité n'exige après tout que la connaissance des deux premières règles de l'arithmétique, et que le reste n'est qu'une affaire de pur raisonnement et de mémoire, il y a lieu d'espérer que ces notions sommaires serviront au moins d'abécédaire à ceux qui voudront perfectionner leurs facultés naturelles pour les écritures d'ordre et de classement.

TABLE DES MATIÈRES

—

ARITHMÉTIQUE

AVIS

—

Juillet 1865.

Nous recevons journellement de nos nombreux souscripteurs des correspondances et des demandes qui nous prouvent que nous n'avons pas été compris ou que nous n'avons pas été suffisamment clairs dans l'exposé de notre programme. Nous croyons donc nécessaire de répéter que les vingt-quatre volumes de l'*Ecole mutuelle* seront terminés dans l'espace d'une année; que nous avions annoncé notre intention de nous conformer, autant que possible, à l'ordre indiqué dans nos catalogues et annonces; mais la remise des manuscrits ayant subi d'inévitables retards, nous nous verrons forcés, à notre grand regret, d'intervertir les époques de publication de tel ou tel volume. Toutefois, après les premiers embarras inséparables d'un début, nous pouvons affirmer que les ouvrages publiés se succéderont bientôt régulièrement de quinzaine en quinzaine, et que nos correspondants ont tout lieu de se rassurer sur l'avenir d'une collection entreprise sans aucun espoir de lucre, comme le peut témoigner le prix fabuleux de nos volumes, qui continue à plonger dans la stupéfaction les spéculateurs de la librairie, telle qu'elle s'exerce de nos jours. Nous irons même plus loin encore, et nos sacrifices prouveront que nous avons eu en vue l'idée de faire œuvre sérieuse et utile. Et si quelques soldats de notre petite armée de collaborateurs ont déserté avant l'heure, nous avons été assez heureux pour lever de nouvelles recrues qui donneront toute garantie à notre sympathique public ; il verra que nous n'avons jamais eu l'intention étroite de le frotter de science *suivant la formule* ; mais il trouvera souvent dans nos petits livres les notions les plus indispensables, données dans ce langage familier que notre éminent coopérateur, M. P. Joigneaux, a rendu si populaire, bien qu'il n'ait malheureusement inspiré que de trop rares imitateurs.

En vente (25 c. le vol., 35 c. rendu franco) :

Grammaire française.

Arithmétique et tenue des livres.

———

SOUS PRESSE

(pour paraître fin août 1865.)

Agriculture, par P. Joigneaux. — *Histoire naturelle*, par A Ysabeau, avec 50 vignettes dessinées et gravées pour notre publication.

Paris.—Imprimerie de DUBUISSON et Cᵉ, rue Coq-Héron, 5.

sœurs continuaient à couler : tout à coup Théodosia, qui sent qu'elle n'a fait que la moitié du sacrifice, si elle laisse voir ses regrets, sèche ses pleurs; puis, prenant un maintien calme, et donnant un baiser à sa sœur, la prie de ne pas ajouter à ses peines celle de croire qu'elle a pu causer son malheur. — Je vous avoue, Adolphina, que je n'éprouve pas pour mon époux une tendresse très-vive; mais mon cœur étant parfaitement libre, il me sera facile de me réconcilier avec mon sort. Une femme vertueuse trouve toujours une satisfaction réelle à remplir les devoirs que les circonstances lui imposent. Il fut décidé que lady Lovering adoucirait, autant que possible, le refus de sa sœur aux yeux de tous, et qu'elle tâcherait de persuader à Francis que l'éloignement serait le plus sûr remède pour effectuer sa guérison. Telle pré-

caution que prit Théodosia, le pauvre
jeune homme fut inconsolable : même,
avant de recevoir le conseil salutaire
que lui donna sa belle-mère, il s'était
décidé à partir. Son père ne s'y opposa
pas ; et, trois jours après le mariage de
sir Joseph, Francis quitta Romantic-
Lodge : il ne prit congé que de lady
Lovering, et la chargea de dire à sa
sœur qu'il partait le plus malheureux
des hommes.

FIN DU PREMIER VOLUME.